Thomas Kastura (Hrsg.)

Tatort Garten

ars vivendi

Originalausgabe

1. Auflage Februar 2012
© 2012 by ars vivendi verlag
GmbH & Co. KG, Cadolzburg
Alle Rechte vorbehalten
www.arsvivendi.com

Lektorat: Johanna Cattus-Reif
Umschlaggestaltung: ars vivendi verlag,
unter Verwendung einer Fotografie von spacejunkie/photocase
Druck: Beltz, Bad Langensalza
Printed in Germany

ISBN 978-3-86913-110-8

Tatort Garten

Inhalt

Tessa Korber

Schneeweißchen und Rosentod

Oktoberrose, schöne
Und letzte Künderin,
Wo sind des Sommers Töne,
Wo seine Lieder hin?

Ob ich an dich gedenke,
Ob sich dein Duft bewahrt,
Die herbstlichen Geschenke
Sind all von deiner Art.

Es kommt ein Wind von Osten,
Der weht dich aus der Zeit.
Die Gartentore rosten
Vor deiner Ewigkeit.
Georg von der Vring, 1889-1968

Früher kamen die Leute, um meinen Garten zu betrachten. Jetzt bin ich froh, wenn sie fortbleiben. Es ist kein Fortschritt, alt zu werden und zerbrechlich. Die lauten Stimmen, die schnellen Bewegungen, die unbedachte Art der anderen machen einen zunehmend ängstlich. Wie wenig sehen die Menschen sich vor, wie wenig denken sie nach – und wie schnell ist ein Unglück geschehen, vor allem, wenn man wie ich immer mehr einem Bündel trockener Zweige in einer dünnen Hülle aus Tuch gleicht, die leicht brechen.

Ich selber denke viel nach, so ist das im Alter, schätze ich. Obwohl man für alle Verrichtungen viel länger braucht und jeder Weg sich dehnt – zum Beispiel muss ich jetzt immer dreimal von der Waschmaschine zur Leine laufen und zurück, weil ich nicht mehr die gesamte Wäsche auf einmal heben kann; und bis meine gichtigen Finger jedes Stück aufgegriffen, entfaltet und über die Schnur gelegt haben: oje.

Obwohl also alles so viel länger dauert, bleibt am Boden des Tages regelmäßig eine Neige von Zeit übrig. Dann sitze ich in meinem Lehnsessel mit dem Rosenmuster und grüble.

Manchmal leisten mir die drei toten Kinder dabei Gesellschaft, die draußen unter den Pfingstrosen ruhen, wo keiner sie finden wird. Sie steigen auf mit dem Abendnebel, kommen mit der Zugluft hereingeweht, tanzen einmal federleicht im Kreis und setzen sich artig auf die Schemel vor den Anrichten, dort, wo das Lampenlicht nicht hinfällt. Fast unsichtbar sind sie und umso schöner. Wie sie wispern und mit den Füßen scharren, daran das Schuhwerk aus so unterschiedlichen Zeiten, das meine Fantasie ihnen übergezogen hat. Dann lese ich ihnen Gedichte vor, laut, mit leiser Stimme:

Ein neues Leben wird den Geist beschwingen,
So oft er riecht den süßen Duft der Rose ...
Sey still und schließ den Mund wie Rosenknospen,
Verstohlnes Lächeln streue, wie die Rose.

Meine tote Schwester auf der Ofenbank schüttelt den Kopf darüber, dass ich die Kleinen mit osmanischen Dichtern behellige und hoffe; hoffe, so zu trösten und selber Trost zu finden.

Droben liegt Mutter; für immer. Neben ihr lege ich mich jede Nacht im Dunkeln schlafen, auf derselben Matratze, auf der sie starb. Zwischen uns beiden gibt es kein Gedicht und auch keine Worte.

Überhaupt liebe ich den Tod mittlerweile mehr als das Leben, den Herbst mehr als den Frühling, die Tanne vor der flirrenden Birke, das welke Licht der späten Nachmittage mehr als die Morgen, von den wenigen Geschichten, die ich noch lese, die traurigen. Und von den Pflanzen die giftigen. Der

Tod kann so schön sein. Fast bin ich so weit, den ständigen Schmerz zu lieben, der mir in den Knochen hockt wie die silbernen Flechten auf den Baumrinden. Aber noch kämpfe ich mit ihm. Eine Sache gibt es noch zu tun.

Die Touristen, wenn sie sich noch herverirren, finden das Grundstück »malerisch«. Sie meinen damit vermutlich den verfallenden Zaun mit der abblätternden Farbe. Er scheint fast zusammenzubrechen unter der schäumenden Rankenlast meiner weißen Rosen. Und die Haustür schmiegt sich so geheimnisvoll unter das Dach von kirschrot kletternden Blüten. »Schau mal, wie bei Schneeweißchen und Rosenrot!« Wie oft habe ich das gehört.

Mein Haus erinnert viele an das Märchen. Vor allem damals, als ich noch die beiden Katzen besaß, die sich hinter den Sprossenfenstern räkelten. Rosenrot ist schon vor Jahren überfahren worden. Aber Schneeweiß gibt es noch, mit einem Auge, zerfetzten Ohren, einer Zyste über dem Schwanz und einer Geschwulst in ihrem Inneren, die wachsen wird bis zu ihrem blühenden Tod. Manchmal sitzt sie noch im Fenster, die Moribunde, und schaut hinaus auf das Meer von Floribundas, so rosa, so orange, so gelb und rot und pink fließen die Schattierungen ineinander, und ich frage mich, ob Katzen, wenn sie schon keine Farben sehen wie wir, so doch etwas ähnlich Beglückendes wahrnehmen, oder ob die ganze Pracht meiner »Bobby James« und »Robin Hood«, »Wedding Day«, »Kimono«, »Lavender Dream« und »Golden Wings«, »Albertine« und »Madame Alfred Carrière« mit ihren klingenden Namen ihr gleichgültig ist. *Ich lebe hinter einem Rosenwall / und brauche ihre Namen nicht bemühen.*

Die beiden letzten hat Rogier mir geschenkt. Er liebt alles Französische, wegen seines Vaters, der aus Dijon stammte. Er hat seine Mutter immer »ma chère« genannt, wenn er kam, um sie zur Begrüßung auf die Stirn zu küssen. Für ihn hat sie gelächelt.

Bis er wieder aus dem Zimmer war und wir alleine zurückblieben mit dem Geruch nach Medikamenten und ihrer Angst. Ich war für ihn »la dame des roses«, ehe ich zur »dame blanche« wurde, zur Hexe, die den Tod bringt. Wie gerne würde ich ihn mir selber gönnen. Ein einfacher Absud von der Tollkirsche, die hinten im Garten neben der Wäscheleine wächst, berankt von der zärtlichen »Ghislaine de Féligonde«, ein furchtbarer Name für eine so fragile Rose von fast durchsichtigem Orange mit einer sehnsüchtig cremefarbenen Mitte. Ach, sterben und von ihren Wurzeln sanft umfasst und gehalten werden.

Ruhig sterb ich so mit dir,
Rose, bald bald droht auch mir
Die Verwesung. Meine Glieder
Geb ich froh der Erde wieder,
Ruhig sterb ich so mit dir.

So wäre es gut. Aber das geht nicht. Tot würden sie mich für immer von meinen geliebten Rosen trennen. Also stehe ich weiter jeden Morgen auf und trete meinen Gang an, der mich noch vor dem Tee hinausführt in meinen Garten. Längs des Weges habe ich »Canary Bird« gepflanzt, die sieht bescheiden aus und rustikal, und sie blüht als eine der ersten im Jahr. Ich liebe ihr Gelb in der Morgensonne, wenn ich zum Briefkasten gehe, ganz langsam, als genösse ich einfach nur den beginnenden Tag, dabei weniger werdend mit jedem unsicheren Schritt, wie die sterbende Katze, die mir vom Fenster aus nachschaut. Um mich herum aber ist alles unbändig am Leben. Manchmal kann ich nicht anders, ich tauche mein altes, hutzeliges Gesicht in die süße Fülle. Nur für einen Moment. *Die klare frische Rosenblüte streichelt / mein geschlossenes Auge leicht, / als legte sie noch tausend kühle Lider, / eines auf das andere, über / mein heißes Lid ...*
Für den Vorgarten, der einmal sogar für ein Gartenmagazin fotografiert wurde, kann ich nicht mehr viel tun, der

Rasenmäher ist mir zu schwer geworden, und die stachligen Kissen der bodendeckenden »Heidetraum« wuchern inzwischen wild über das hinweg, was einmal Beete waren, mit Storchenschnabel, Horn- und Bilsenkraut, mit Zierlauch und Lavendel, dazu Ziest, Kaiserkronen, Fingerhut, allen Arten von Anemonen, mit Schneeglöckchen und dem Knoblauch, den ich einst als Schutz gegen Mehltau zu meinen Lieblingen setzte.

Dazwischen leuchten die blauen Scherben des Topfes hervor, den ich zerbrach, damals, nach Mutters Tod. Sehr malerisch, ein Effekt, den andere mit viel Mühe künstlich erzielen. Die Leute zeigen es sich gegenseitig mit den Fingern. Sie bewundern den Verfall. Sie interessiert nicht, dass der Efeu, der sich um alle Fenster windet, die Dachziegel anhebt, sodass es auf dem Dachboden schon ganz feucht ist und der Schimmel langsam in die Wände kriecht. Ein Umstand, gegen den ich nichts mehr unternehmen kann, da es mir unmöglich ist, die Leiter noch herumzuheben. Und sie sehen auch nicht, dass die Rosen ebenfalls nicht mehr sind, was sie einmal waren. Als fühlten sie, wie es mir geht.

Das Stecklingsbeet hinten ist verwaist, ich bemühe mich nicht mehr darum. Ich hacke nicht mehr, ich mulche nicht mehr, und ich bete darum, dass der nächste Frühling regenreich wird, denn wer soll meine Kinderchen sonst regelmäßig gießen?

An der »Westerland« habe ich einige Wildtriebe entdeckt. Das ist etwas, worum ich mich noch immer kümmere, wenn ich es sehe. Dann ziehe ich meine geliebten Bradley's an, das sind Gartenhandschuhe mit Lederstulpen – noch etwas, was die Touristen lieben, so britisch, dabei ist es einfaches Handwerkszeug, praktisch und mit viel Geschichte. So viele Gärtnerinnen vor mir sind in diese Handschuhe geschlüpft und haben, voll Gottesglauben oder auch einfach nur aus Liebe zur Schönheit, ihre Rosen gepflegt und vermehrt. Ich ziehe also die Handschuhe an und greife zu meiner Schere. Sie muss

scharf sein und nach jedem Schnitt mit Brennspiritus gerei-
nigt werden, verstehen Sie? Damit keine Krankheiten von
einer auf eine andere Pflanze übergreifen. Früher hielt ich die
Klinge über eine Flamme, aber meine Finger können das Feu-
erzeug nicht mehr bedienen. Wie viele habe ich nicht fallen
lassen; ihre hässlichen Plastikhüllen sind zum Glück verborgen unter Gras und Blüten. Und jetzt, im Herbst, bläst der
Wind mir die Kerzen aus.

Ich schneide einen Stiel der »Westerland«, einen Büschel
voll kupferfarbener Blüten. Dann fällt mein Blick auf die
unglaublich große, prall gefüllte Blüte der »Auguste Renoir«,
vom letzten Regenschauer schon etwas angegriffen, doch
schön noch im Verfall. Ich kann nicht widerstehen, schneide
auch sie, trage die Sterbende sanft ins Haus und arrangiere sie
mit einigen Blüten der »Leonardo da Vinci« in einem Porzel-
lankörbchen. Allein der Anblick stimmt glücklich, reine Glück-
seligkeit. Für einen Moment, während ich sie zurechtrücke,
vergesse ich sogar meine Schmerzen. Das Körbchen werde ich
auf das Fensterbrett stellen. Dort wird er sie als erstes sehen,
wenn er kommt. Und vielleicht ihre Botschaft verstehen. Jetzt
bleibt mir nur noch, zu warten.

Rosen hab ich aus dem Garten
In das Zimmer auf den Tisch gestellt,
Und ich spüre das Erwarten
Wenn ein Blütenblatt sich löst und fällt.

Ich setze mich, um zu essen, ich muss essen, sagt der Arzt,
aber ich mag nicht. Es geht nichts mehr hinunter, als hätte
ich mit meiner scharfen Schere auch diesen Weg gekappt.
Genauso, wie schlafen kein Vergnügen mehr ist. Den ganzen
Tag schmerzen die Knochen, und man sehnt sich nach der
Erlösung, die es bedeutet, in die Kissen zu sinken, nachzuge-
ben. Dabei lauert im Liegen nur der noch größere Schmerz
und dazu die Angst vor dem Ersticken. Früher träumte ich

Rosen beschatten alle Hänge, doch nicht länger *rieselt traumlos der Schlaf von ihren bebenden Blättern.* Kälte durchrieselt mich allein. Es ist mir wenig geblieben.

Statt des Zwiebacks und der Milch nehme ich noch einmal Margits Brief zur Hand. Es ist, wie ich mich erinnerte. Wie es mich seit Wochen quält. Da steht es noch immer: Das deutsche Gesetz erlaubt es nicht, die Körper Verstorbener außerhalb von Friedhöfen oder neuerdings Friedwäldern beizusetzen. Aber was soll ich da, in einem Garten aus geschmacklosen Steinen oder in irgendeinem Wald?

Diesen Boden hier habe ich mit meinen eigenen Händen bearbeitet, ich habe ihn bepflanzt und gedüngt, habe jeden Baum gesetzt, jeden Rosenstrauch. Ihn kenne ich zu jeder Jahreszeit, bei jedem Licht. Ich weiß, wie der Raureif an den letzten Hagebutten glitzert an manchen Januarmorgen. Ich kann den Duft der Gallica-Rosen an den langsam sich verdunkelnden Sommerabenden riechen. Eigenhändig habe ich den Sand hergeschleppt für die »Rosa rugosa«, die von den sandigen Küsten Japans kommt, ich habe die Pergolen gebaut und die sternförmige, schlichte Clematis so gesetzt, dass sie die runde, üppige Form der gestreiften Bourbonenrosen betont. Ich ... ach, lassen wir das.

Ich habe jedenfalls eine Landschaft geschaffen, die mich lange überleben wird. Sie gehört mir, in mehr als einem Sinne. Und ich soll nicht ein Teil von ihr werden dürfen?

Margit erinnert mich außerdem daran, dass mir im rechtlichen Sinne nicht einmal das Grundstück gehört. Ich habe die Pacht nicht gezahlt, schreibt sie. Ich hätte den Gerichtsvollzieher nicht wegjagen sollen mit meiner Rosenschere. Ich müsse fort von hier, dürfe nicht einmal mehr die wenigen Monate, die mir vermutlich noch bleiben, beim Anblick meiner Rosen genießen. Und dann dieser Prospekt. Haus Alpenrose, das Elend im Gewand der Geschmacklosigkeit.

Dahinter steckt Rogier, ich weiß es. Früher hat er sich nie um die Pacht geschert. Früher hieß es: »Dame des roses, du schaffst ein Paradies, das ist Geschenk genug.« Vorbei. Auf das Grab seiner Mutter hat er Nelken gepflanzt. Dabei hat auch sie die Rosen so geliebt.

Ob er sich daran erinnern wird? Die Standuhr schlägt vier. Er müsste bald hier sein.

Noch einmal quäle ich mich aus meinem Stuhl, um Teewasser aufzusetzen. Ich wähle das Service mit dem Hundsrosenmuster. Englischer Schwarztee mit Rosenaroma, natürlich. Er schmeckt stark und duftet betäubend. An der Wand über dem Tisch ein Rosen-Aquarell von Maria Sibylla Merian und das Fragment eines Wandfrieses aus Knossos, das eine Rose zeigt. Wussten Sie, dass schon die alten Ägypter Rosen züchteten? In meinem Regal finden Sie alle Bücher darüber, über das eine Thema, das mich mein Leben lang bewegt hat. Ich greife einen Band heraus, eine Stärkung tut not, eine Bestätigung, dass all das sich lohnt. Denn das Gespräch mit Rogier wird nicht leicht werden.

Vielleicht das hier, *Content in a garden*, der Satz hat mich jedes Mal berührt:

Es ist eigentümlich, wenn man bedenkt, welch großen Raum die Rose und alles, was sie verkörpert, in unserer Welt einnimmt. In ihrer Natur liegt etwas Mysteriöses, eine innere Faszination, eine zarte Kraft, ein versteckter Zauber, den nur sie ausübt und den keine andere Blume besitzt – etwas, was die Liebe der ganzen Welt auf sich zieht.

Die Liebe der ganzen Welt! Ob es mir gelingen würde, wenigstens in Rogier diese Liebe zur Rose wiederzuerwecken und mich selbst darin zu verstecken wie ein Kind im Gebüsch? Meinen Altweibergeruch in ihrem Duft zu verbergen und mein hässliches Gesicht zwischen ihren Blüten, so wie die kleinen festen Knospen der »Wichuraiana« sich fremd und doch perfekt an die weichen, verschwenderisch gefüllten

Kelche schmiegen? Auf dass er *atme von mir den Balsam der Erinnerungen.*

Ich habe mein Gesicht schon lange nicht mehr im Spiegel betrachtet, aber ich weiß, es ist runzlig und alt und ohne eine Spur der Erinnerungen, die ich mir bewahrt habe. Keine Liebe, kein Zauber liegen darin, nur die Zeit und der nahe Tod. Die Hand, mit der ich mir über die Wangen von einst streiche, ist runzelig. Hat jemand sie je berührt, wurden sie je geliebt? Alfons ist manchmal da, im Bad höre ich sein Husten. Aber ob er mich überhaupt sah, als er noch Augen besaß, und ob Wärme in seinem Blick lag, das weiß ich nicht. Er ist der kälteste von all den Toten, die sich an mir reiben. Für ihn nahm ich Wasserschierling. Und ich bereue es nicht.

Ah, hier, Christian Morgenstern. Wie so viele hat auch er über die Rose gesungen.

Oh, wer um alle Rosen wüßte,
Die rings in stillen Gärten stehen –
Oh, wer um alle wüßte, müßte
Wie im Rausch durchs Leben gehen.

Oder das schmale Bändchen hier, von Vita Sackville-West über ihren Garten in Sissinghurst Castle. Einmal war ich dort, in Kent, mit Rogiers Mutter Rita zusammen, herrje, das war in den Sechzigern.

Wir trugen große Sonnenbrillen und kurze Röcke und kicherten und genossen den ersten und einzigen Urlaub im Ausland, nachdem zu Hause, wie wir wussten – oder ahnten wir es nur? – Mann und Haus und Kind und eine Zukunft voller Arbeit auf uns warten würden. Ich weiß nicht, wie es kam, aber wir sind später beide nicht mehr gereist. Rita traf ihren Franzosen und bekam Rogier, als er schon wieder fort war. Und ich, ich blieb meinen Rosen treu.

Reynolds Holes *A book about Roses* war einer der ersten Bestseller überhaupt. Der Mann war Geistlicher, aber er hat nicht übertrieben. *Betreten Sie den Rosengarten, wenn das erste Sonnenlicht auf dem Tau glänzt, und genießen Sie mit dankbarer Freude einen der schönsten Anblicke auf Erden.* Klingt das für Sie banal? Ich verstehe jedes Wort, das er schreibt. Ich fühle die Wahrheit darin. Dankbare Freude. Ja, die habe ich in meinem Garten mein Lebtag lang empfunden.

Das muss ich sagen, ich muss es Rogier erklären. Es war nie etwas anderes im Spiel als Dankbarkeit, Demut und Freundschaft.

»Du hast meine Mutter umgebracht.« Er hielt sich nicht lange mit Überleitungen auf, als er endlich kam. Fast pünktlich, nur ein klein wenig zu spät, damit ich begriff, wie die Machtverhältnisse zwischen uns verteilt waren. Er beachtete das Glühen der orangefarbenen »Westerland« nicht, nicht das füllige Spiel der »Auguste Renoir«. Sein Blick versenkte die Aquarelle und Porzellanbouqets, die rosenbestickten Servietten und Spitzendecken in einem Abgrund aus Verachtung und früh einsetzender Dämmerung. Ich war froh, dass es so rasch dunkel wurde.

»Ja«, erwiderte ich. Ehrlich zu sein war die einzige Möglichkeit, ihn noch zu verblüffen, ihn innehalten zu lassen, damit er mir zuhörte. Die Pacht, dachte ich. Die Pfändung. Irgendwie mussten wir auf diese Themen kommen. Doch vor der Erlösung lag das Geständnis. Es sollte mir nicht schwer fallen. Ihm brannte nach all den Jahren bei dem Gedanken an Rita noch das Herz. Meines war so kalt wie meine Altfrauenfinger.

»Ja«, gab ich also zu. »Das stimmt. Ich habe sie getötet.« Ich machte eine Pause, da er aufzuspringen drohte, um sich auf mich zu stürzen. Die Stille bewirkte Gott sei Dank, dass er zu sich kam und sich wieder in den Sessel fallen ließ. In seinem Gesicht war Wut. Aber auch ein stiller Triumph. Nach all den Jahren bekam er endlich recht. Und ich gab ihm das Geschenk, nach dem er sich so lange gesehnt hatte. Gab, um etwas zurückzuerhalten.

»Sie wusste, dass sie sterben würde. Sie hatte Schmerzen und sie hatte Angst, dass es noch mehr werden würden. Mehr, als sie ertragen könnte.« Meine arme Rita. *Gleich der Rose welkt sie hin?* Nein, sie welkte in Blut und Schweiß und Kot. Schmerz und Gestank und Ekel waren ihre Begleiter.

Er widersprach. »Sie war immer so tapfer. Sie hat jeden Tag gelächelt. Sie hat mir am Vortag versprochen, wir würden wieder in den Garten gehen.«

»Das hat sie für dich getan, Rogier.« Ich schüttelte den Kopf. »Sie wollte nicht, dass du verzweifelst, das war alles.«

»Du meinst, meine Mutter hat mich angelogen? Du ... Du hast keine Ahnung. Maman und ich waren so vertraut, wie zwei Menschen nur sein konnten.«

Ich schaute aus dem Fenster. Die Spiegelung verbarg meinen Garten. Man sah nur uns in unseren Sesseln, den Teetisch dazwischen. Ihn groß, aufrecht, von der Seite, mich von vorne, fast verschwunden zwischen den Kissen, kaum mehr vorhanden, zerknittert, schuldig, hässlich.

Das war ich nicht immer. Rita und ich, wir waren einst wie meine Rosen, weich und duftend und schön. *Wir prangten in Schönheit und wußten es nicht.*

Heute ist das nurmehr Kitsch, damals war es so selbstverständlich, dass wir nicht darüber nachdachten. Nie, nie war die Zeit, da wir es schätzten. Da wir darauf bestanden, auch glücklich zu sein. Erst, als es zu spät war. »Schau mich an«, hatte sie gesagt, als sie dalag, aufgedunsen von den Medikamenten. »Da habe ich immer darauf gehofft, dass endlich ein bisschen Leben ... und jetzt ... nein, schau mich nicht an. Hilf mir.«

Und ich habe geholfen. Habe ihre Hand gehalten, bis alles vorbei war. Wir brauchten nicht mehr zu reden.

»Ich gab ihr den Eisenhut«, sagte ich. »Es hat keine Stunde gedauert. Der Mohnsaft hat es ihr leichter gemacht.«

Rogier hieb mit der Faust auf die Lehne. »Wie oft flehte ich den Arzt an, eine Autopsie zu machen. Aber alle haben mich behandelt wie einen Idioten. ›Ihre Zeit war gekommen.‹«

Höhnisch ahmte er den Ton der Frauen nach, die ihn damals zu trösten suchten. »Und erst der Pfarrer: ›Gott hat sie zu sich genommen, mein Sohn.‹ Mein Sohn, pah.« Er spuckte beinahe aus. »Ich war ihr Sohn. Sie war alles, was ich hatte. Und du hast sie ermordet.«

Ich schwieg. Sollte ich ihm sagen, dass ich Rita geliebt hatte und sie mich? Die Pacht, schoss es mir durch den Kopf.

»Und du hast es nicht das erste Mal getan, nicht wahr? Und nicht das letzte Mal.« Er legte einen Ordner auf den Tisch. Wo hatte er den gehabt? Unter der Jacke, in der Tasche? Ich musste besser aufpassen. Er war so viel größer, so viel stärker als ich. Ich hatte nur meine Stimme und den Rest meines Verstandes. Wenn das hier funktionieren sollte, musste ich mich zusammenreißen. Rogier gehörte das Haus, ihm gehörte der Grund, bis hin zu der bröckelnden Ziegelmauer hinten, die mich von den Streuobstwiesen abschloss. Und von Ritas Heim. Am Fuß dieser Mauer habe ich eine Kaskadenrose gepflanzt, und Katzenminze für Schneeweiß, die dort gerne in der Sonne lag.

»Miau.« Meine alte Weiße wollte hinaus. Ich hievte mich aus dem Sessel, überließ Rogier dem Blättern in seinen Akten, die er zusammengetragen hatte, all die Jahre, gehegt, gepflegt, geharkt, gemulcht, gedüngt mit Hass. Was war mir da herangewachsen? »Geh, Alte«, flüsterte ich. Sie verschwand hinaus in die Nacht, die um fünf schon begonnen hatte. Es war kalt.

Als ich zurückkam, zitterte ich.

»Du brauchst das nicht, Rogier«, sagte ich und wies auf die Papiere, ehe ich die Arme verschränkte und die kalten Finger unter die Achseln steckte. So sah er auch mein Zittern nicht. »Ich habe dich eingeladen, um dir alles zu erzählen. Und das werde ich tun. Weil du ein Recht darauf hast«, sagte ich, als ich seinen überraschten, aber auch misstrauischen Blick bemerkte. »Weil ich bald sterben werde. Und weil ich eine Bitte an dich habe.«

Er lachte, es war nur ein kurzes Schnauben. »Du hast Angst, dass ich dich aus deiner Hütte jage, alte Hexe.« Rogier nickte. Dann lehnte auch er sich zurück. »Also, lass mal hören.«

So begann ich meine Erzählung. Begann mit meiner Mutter, in den Jahren während des Krieges, die, schwanger geworden von einem Mann, der auf Urlaub von der Ostfront nur für wenige Tage da war, ihr Kind abtrieb. Damit ihr die anderen, die schon da waren, nicht verhungerten. Pfingstrose nimmt man dafür. Von ihr habe ich es gelernt. Half später so einer jungen Nichte, half mir selber. Alfons war untröstlich, als das Kind abging. Geschah ihm nur recht. Einem, der mich schlug, dem trug ich kein Kind aus.

»Die Reste sind alle im Garten begraben«, sagte ich. Sagte nicht, dass ich sie manchmal sah, mein Schwesterchen mit den Riemchenschuhen, die statt ihrer ich auftrug in den Vierzigern und Fünfzigern. Margits Kleines, deren Geschwister später, als die Zeit für Kinder reif war, Holzclogs trugen und durch meinen Garten tobten. Und mein eigenes Kind. Seltsam, so habe ich eigentlich nie an den Fötus gedacht. Es war immer Alfons' Junge, sein Stammhalter, für den er schon im zweiten Monat Fußballschuhe gekauft hatte. Aus den Augenwinkeln schaute ich in die leere Ecke am Regal, da konnte ich sie sehen, verdreckt, zerknautscht, mit geknotetem Schnürsenkel, darüber die grün verschmierten kleinen Schienbeine.

»Und der Bürgermeister?«, hakte er nach.

»Der Bürgermeister?« Ich blinzelte einen Moment.

»Der vorige, der Blut im Urin hatte.«

»Ach ja«, ich musste kichern. »Bis die Sache mit der Umgehungsstraße vom Tisch war, die über dein und mein Grundstück gegangen wäre.«

»Über meine Grundstücke«, verbesserte Rogier mich.

Ich hörte zu lächeln auf. »Buschanemone. Aber danach ging es ihm wieder prächtig.«

»Du weißt dir zu helfen«, sagte er verbissen. »Und du hast einer Menge anderer Leute *geholfen*, nicht wahr?«

»Ja«, gab ich zu. »Lass es nicht so sarkastisch klingen, mein Lieber.«

»Der Alte vom Wagner-Hof?«, fragte Rogier statt einer Antwort und starrte auf seine Liste.

»Seine Tochter bat mich, weil sie es nicht mehr mit ansehen konnte.«

»Natürlich, reine Nächstenliebe.«

»Fingerhut.«

»Sehr klug, er hatte es ja mit dem Herzen. Ich fasse es nicht.«

Ich beschloss, das Ganze zu beschleunigen. »Anneliese vom Metzger, die war ganz verkrebst, wollte noch einmal Urlaub machen und dann sterben, ohne ›in Windeln zu scheißen‹, wie sie sich ausdrückte. Du weißt, sie war immer sehr direkt.«

Er hob die Hand, als wolle er mir dies zumindest zugestehen. »Georg Häberlein?«

»Rogier, ich ...«

»Gunda Söllner?«

»Bitte, du musst ...«

Er wurde laut. »Ist hier im Dorf überhaupt ein alter Mensch ohne deine Hilfe zu Tode gekommen?«

»Rogier. Sie kommen zu mir und bitten mich, wenn es keinen Ausweg mehr gibt. Das ist nur ...«

»Was?«, herrschte er mich an.

»Ein Akt der Demut?«

Er sah aus, als wollte er sich auf mich stürzen.

Ich hob die Hände. »Rogier, ich will ja gar nichts vor dir verbergen. Ich will auch nichts beschönigen. Alles, was ich möchte, ist ...«

»Du möchtest, dass ich gnädig bin und dich in deinem Häuschen sterben lasse. Aber da hast du dich geschnitten, alte Hexe. Ich bringe das hier«, er nahm den Ordner und klatschte ihn auf sein Knie, »nur deshalb nicht zur Polizei, weil ich weiß, was die schlimmere Strafe für dich ist.« Er machte eine Pause. Wir schauten uns an. »Wenn Margit dich aus deiner Höhle holt und dich in dieses Altersheim bringt, wo du langsam verrecken wirst. Ohne deine Rosen. Und ohne hilfreiche Kräuterchen.«

Was für ein netter Junge war er doch früher gewesen. Und jetzt: Welche Sprache führte er, welch unschöne Absichten er damit zum Ausdruck brachte. Mein schlechtes Gewissen ihm gegenüber verging.

O wie blühest du so schön
Aber bald wirst du vergehn –
Auch nur flüchtige Secunden,
Und dein Rot ist hingeschwunden,
Und da blühst du nicht mehr schön.

Ich stand auf. »Ich hole uns einen Tee«, sagte ich.

»Und vielleicht«, rief er mir hinterher, »vielleicht tue ich es ja doch noch.«

Die Küchentür schlug zu.

Als ich wiederkam, balancierte ich zwei Tassen mit dampfendem Tee, eine Zuckerdose und ein Milchkännchen auf dem Tablett, dazu Silberlöffel und Stoffservietten.

Misstrauisch starrte Rogier auf das Arrangement. Er wusste es noch nicht, aber er vermisste die Kanne. Ich gedachte nicht, ihm auf die Sprünge zu helfen.

»Soll ich dir von deiner Maman erzählen?«, fragte ich.

»Untersteh dich, ihren Namen noch einmal in den Mund zu nehmen«, sagte er, ein wenig zerstreut. Noch immer grübelte er darüber nach, was an dem Tablett nicht stimmte. Ich musste ihn ablenken.

»Sie hat es so gewollt, Rogier.«

Er hieb auf den Tisch. »Und wag es nicht, ihren guten Ruf in den Dreck zu ziehen. Sie liegt auf dem Kirchhof, und da liegt sie zu Recht. Sie ist keine Selbstmörderin.«

Nein, stimmte ich ihm im Geiste zu, das war sie nicht. Das war ihr wichtig gewesen, meiner armen, katholischen Rita. Fast so wichtig wie das Seelenheil ihres geliebten Sohnes.

»Dann wirst du mir die Pacht nicht erlassen?«, fragte ich.

Rogier schüttelte angewidert den Kopf. »Nur darum geht es dir, nicht wahr? Nur um dich und deine beschissenen Rosen.«

Das war nicht wahr. Um mich war es nur einmal gegangen, in all der Zeit. Bei Alfons. Ob ich betteln sollte? Ihn anflehen? *Tu mir das nicht an. Das Altersheim wäre schlimmer als der Tod.*

»Ich dachte es mir schon«, sagte ich nur.

»Ich werd dich fertigmachen.«

»Vielleicht«, sagte ich. Dann war das also vorbei. Dann musste es jetzt sein. Ich holte tief Luft. »Nimm dir doch Tee.«

Unser Blick fiel zur selben Zeit auf seine Tasse, die unschuldig vor sich hin dampfte. Es war ganz still im Zimmer, nur die Standuhr tickte. Und doch war es, als wäre ein Stein ins Wasser geworfen worden, ein schwerer Schlag verhallt. Rogier starrte mich an.

Ich wich seinem Blick aus. Mühsam hievte ich mich noch einmal aus dem Sessel. »Ich habe die Kekse vergessen«, sagte ich. »Trink nur. Sonst wird er kalt.«

Der Weg in die Küche war so lang wie niemals zuvor. Meine Gelenke schmerzten bei jeder Bewegung. Und doch, und doch ... Ich öffnete die Tür, ich schlüpfte hindurch, ich lehnte sie an, so weit, dass ich noch ein Auge gegen den Schlitz pressen konnte. Und was ich sah, das machte mich glücklich. Glücklich wie das Leuchten der »Westerland«, glücklich wie der Duft der Damaszenerrosen, wie ein Morgen an der Hecke, die sich schäumend wieder und wieder ergießt. Ich sah meinen Garten.

Ich sah, wie Rogier überlegte, dann die Tassen nahm und möglichst lautlos vertauschte, wie er am Tischtuch zupfte, um die Falten zu verbergen, die sein Manöver verursacht hatte. Nun war alles gut. Ich griff nach dem Teller und ging wieder hinein. Ich sehnte mich nach Tee, ich konnte es kaum erwarten.

Im Geiste ging ich noch einmal alle Vorbereitungen durch. Die Grube im Garten hatte ich seitlich vom Haus anlegen lassen, Rogier musste sie einfach gesehen haben, als er kam. Meine Handtasche mit allen Papieren lag schon darin, die Schuhe und ein leichter Mantel, versteckt unter einer ersten Schicht Erde. Es sollte alles so aussehen, als wäre ich weggegangen. Und nicht mehr wiedergekehrt. Verschollen, irgendwo. Alte Leute gehen ja so leicht verloren. Sollten sie mich woanders suchen. Ausheben lassen hatte ich das Loch von Marian, dem polnischen Schwarzarbeiter, der für den Milchhof arbeitet. Er reiste heute heim und würde erst im Frühjahr zurück sein. Drüben in Kattowitz würde er kaum etwas von meinem Verschwinden erfahren. Und bis er wiederkäme, wäre ich Geschichte und er hätte die Grube längst vergessen.

»So, hier.« Ich stellte die Kekse hin, harmlose Kokosmakronen. Das Gift war in der Tasse. In der, die jetzt auf meinem Platz stand. Ich konnte es riechen, durch das Rosenaroma hindurch, ich konnte es sehen. Ich trank es in einem Schluck. Aaaah. Ich lächelte Rogier an, der blass und angespannt auf seinem Stuhl saß. Der Arme, aber es war notwendig gewesen.

Selbst durfte ich mich nicht töten. Sie hätten mich abgeholt und auf den Kirchhof gelegt. Aber nun, da Rogier dachte, er hätte mich ermordet, musste er meine Leiche auch verschwinden lassen. Ich hatte ihm ein wenig dabei geholfen und ein Gift gewählt, das deutliche Spuren hinterließ. Der Anblick war nicht schön, würde aber helfen, ihn zu motivieren.

Gleich werde ich Ausschlag bekommen, Schaum vor dem Mund, Krämpfe. Ich werde aufstehen und mit dem Finger auf ihn weisen, werde »Du« keuchen, um ihm den Entschluss leichter zu machen. Ich sehe schon jetzt die Panik in seinen Augen und bin froh. Er ist das nicht gewohnt, das Töten. Er wird nicht die Ruhe bewahren, mir die Decke über die Knie ziehen und einfach gehen. Nein, er wird in Hektik verfallen, ich sehe die roten Flecken auf seinen Wangen. Obwohl er mich hasst, leidet er mit mir. Aber er will davonkommen. Schon schaut er sich um, seine Fingerabdrücke fallen ihm ein. Ein kluger Junge. Das hat Rita auch immer gesagt. Klug, mit leidenschaftlichen Aufwallungen hie und da, aber im Grunde seiner Seele ein Pragmatiker. Sie hatte recht behalten.

Er wischt an den Tassen herum, er trägt sie in die Küche, sehr gut, denke ich, während ich zu Boden gleite. Das schmutzige Geschirr hätte nicht zu der Geschichte gepasst, dass ich ausgegangen bin.

Ich möchte schreien, es brennt so, es brennt. Ach Gott, die Schmerzen. Ich bekomme keine Luft. Und doch: Ich spüre Rogiers Hände, die sich um meine Fußknöchel schließen. Er schleift mich, ich spüre den Teppich unter meinem Rücken, spüre ihn trotz der Krämpfe, fühle die Türschwelle, die Kälte des Steins draußen auf dem Weg. Da ist die »Canary Bird«. Sie blüht nicht mehr. Am Zaun welkt »Robin Hood«. Ich liege im Gras, starre in den Himmel. Ein paar Zweige kann ich erkennen, das muss die »Dorothy Perkins« sein.

Es hat, du holde Wunderblume,
Mein Herz voll süßen Bebens
dich mir gemalt zum Eigenthume
ins Tiefste meines Lebens.

Gemalt? Eingebrannt! Mit dem Brandeisen eingeglüht. Und ich verbrenne, Blut läuft mir aus dem Hals und kühlt doch nicht. Es ist schlimmer, als ich dachte. Oh bitte ...

Wo bleibt er nur? Was tut er jetzt? Da: Er holt eine Schaufel, stolpert über die Katze, brüllt vor Zorn. Er erschlägt sie. Schneeweiß, es tut mir so leid. Warum erschlägt er nicht mich?

Lautloses Gebrüll verzerrt meinen Mund, meine Hände greifen um sich, rupfen Halme, mein Brustkorb schwillt, birst. Dann endlich, der Fall. Erde. Wurzeln. Wurzelkinder. Rosenkinder. Sie werden mich halten, mich verschlingen, um mich wachsen, an mir, in mir. Wir werden eins sein. Die Knospen, die im nächsten Jahr aufgehen, über der Katze und mir, rot und weiß, sie werden alle mein Gesicht tragen. Meinen Rosentod.

Wer hat dieser letzten Rose
Ihren letzten Duft verliehn?
Tritt hinaus ins Sonnenlose,
Atme ihn und spüre ihn.

Wie er rot im Offenbaren
Und verschwebender wie Wein
Wesen kündet, die nie waren
Und die hier nie werden sein.
Georg von der Vring

Im Text sind – kursiv gedruckt – einige Zitate verborgen, ohne dass der Autor genannt worden wäre. Sie alle stammen aus Gedichten, die sich auf die eine oder andere Weise der Rose widmen. Hier sind die Nachweise:

Ein neues Leben wird den Geist beschwingen ...
Aus: »Aus dem Buchstaben Lam«, von Dschalal ad-Din Muhammad Rumi (1207-1273)

Ruhig sterb ich so mit dir ...
Aus: »An ein Röschen«, als Autorin angegeben: Fräulein von X. Das Gedicht stammt aus der romantischen Volksliedersammlung *Des Knaben Wunderhorn* von Clemens Brentano und Achim von Armin, veröffentlicht 1805-1808.

Ich lebe hinter einem Rosenwall, und brauche ihre Namen nicht bemühen.
Aus: »Rosenzauber«, von Karl Krolow (1915-1999)

Die klare frische Rosenblüte streichelt ...
Aus einem Gedicht im Rosen-Zyklus von Rainer Maria Rilke (1875-1926)

Rosen hab ich aus dem Garten ...
Hermann Kasack (1896-1966)

Rosen beschatten alle Hänge ...
Sappho aus Lesbos (geb. zw. 630 und 612 v. Chr., † um 570 v. Chr.)

Content in a garden, von Candace Wheeler (1827-1923)

Atme von mir den Balsam der Erinnerungen ...
Aus: »Die Rosen von Saadi«, von Marceline Desbordes-Valmore (1786-1859)

Gleich der Rose welkt sie hin ...
Eigentlich *Gleich der Rose welk' ich hin* ..., ebenfalls aus: »An ein Röschen«, von Fräulein von X, in *Des Knaben Wunderhorn*

Wir prangten in Schönheit und wußten es nicht.
Aus: »Rosenlied«, von Anna Ritter (1865-1921)

Oh, wie blühest du so schön ...
Aus: »An ein Röschen«, von Fräulein von X, in *Des Knaben Wunderhorn*

Es hat, du holde Wunderblume ...
Aus: »An meine Rose«, von Nikolaus Lenau (1802-1850)

Thomas Kastura

Vollmond über Schloss Fahlenstein

Ein kalter Herbstwind strich durchs Gras. Schroff stachen die Felsen empor und hoben sich in bizarren Linien vom Himmel ab. Wolkenfetzen schoben sich über die blasse Scheibe des Mondes. Für Sekunden wurde es so dunkel, dass Brandeisen gezwungen war, das Licht einzuschalten.

Sie befanden sich tief in der Fränkischen Schweiz. Der Staatsanwalt steuerte seinen schwarzen Citroën XM durch ein verschwiegenes Tal, fernab der Touristenrouten. Die Straße war nur ein schmales Band, beschattet von uralten Bäumen. Hin und wieder erglühte ihr Laub scharlachrot.

Es war ein Abend, wie er ihn schon häufig erlebt hatte. Trotzdem war irgendetwas anders als sonst ...

Küps saß auf dem Beifahrersitz und motzte seit der Abfahrt. Erst klagte er über seine zahlreichen Zipperlein – zu hoher Blutdruck, schlechte Zucker- und Cholesterinwerte, die Gicht. Dann verhöhnte er französische Automarken und fingerte mit den Worten »saumäßige Verarbeitung« an den XM-Armaturen herum. Inzwischen machte er sich Sorgen um seine Proteinzufuhr.

»Hoffentlich gibt's was Gescheites zu essen«, sagte der Kommissar. »Ich hab einen Bärenhunger.«

»Sie werden schon nicht vom Fleisch fallen.«

»Hätten wir den Mann nicht einfach auf die Wache bestellen können? Warum kriegt der eine Sonderbehandlung?«

»Freiherr Ludovic zu Fahlenstein ist nicht irgendwer. Den pfeift man nicht herbei wie einen kleinen Famulus.« Brandeisen schüttelte missbilligend den Kopf. »Ich habe ihn um seine Expertenmeinung gebeten. Und er ist so freundlich, uns auf seinem Familiensitz zu empfangen.«

»Kennt sich denn im Klinikum niemand mit Blut aus?«

»Auf dem Gebiet der Hämatologie ist der Professor seit Jahrzehnten eine Koryphäe. Er hat bei Vargha in Budapest promoviert, kurz nach dem Krieg. Danach lehrte er in Prag und London.«

»Dieses blaublütige Adelsgesocks! Kein Wunder, dass die von so was Ahnung haben.«

»Solche Unbotmäßigkeiten möchte ich ab jetzt nicht mehr hören«, entrüstete sich Brandeisen. »Mehr Contenance, bitte!«

»Vor Einbruch der Nacht werden wir kaum zurück sein.«

»Der Freiherr hat uns sogar angeboten, im Gästeflügel zu übernachten. Es gilt, das Verschwinden dreier Abiturienten und einer jungen Frau aufzuklären. Stellen Sie sich auf einen längeren Aufenthalt ein.«

Küps schwieg und stierte aus dem Fenster. Verschwundene Schüler! Waren sie das Sozialamt oder was?

Nach einer Kurve kam Schloss Fahlenstein in Sicht. Düster und bedrohlich stand es auf einem Hügel – der aus hellem Jurakalk bestand, daher der Name. Im Grunde sah es aus wie eine Burg mit einem mächtigen Turm in der Mitte, umgeben von einem quadratischen Palas. Die Anlage thronte auf steil abfallenden Felswänden.

Brandeisen bog an einer Einmündung unvermittelt ab. Es gab weder Wegweiser noch irgendwelche Schilder, das Schloss war in keinem Reiseführer erwähnt. Anscheinend legte der Freiherr Wert auf Privatsphäre.

»Vielleicht können wir die Gärten besichtigen.« Ein Versuch, den Kommissar aufzumuntern. »Dafür haben Sie doch ein Faible.«

»Welche Gärten?«

»Unser Gastgeber ist Hobbybotaniker. Am Telefon hat er mir von neuen Sorten und Züchtungen vorgeschwärmt.«

Küps merkte auf. »Was wächst denn da oben?«

»Jede Menge exotischer Gewürzpflanzen. Im Treibhaus, versteht sich.«

»Aha.« Das Interesse des Kommissars war geweckt. Seit Jahren experimentierte er mit Kreuz- und Schwarzkümmel, um seinem selbstgebratenen Schäuferla eine besondere Note zu verleihen. Doch die Setzlinge waren kälteempfindlich und wollten nicht gedeihen.

»Gleich treffen Sie einen Seelenverwandten.« Der Staatsanwalt wusste, dass ein »Aha« von Küps ein Höchstmaß an Neugier ausdrückte.

Sie gelangten zu einer Zugbrücke. Die Kettenglieder der Vorrichtung waren mit Stacheln versehen. Brandeisen, seit jeher ein schwungvoller Fahrer, bretterte über die Brücke und schoss durch ein Tunnelgewölbe in den Innenhof. Er stellte den Wagen neben einer alten Kutsche mit Klappverdeck ab. Der Anblick des Gefährts entlockte ihm ein nostalgisches Lächeln.

Langsam fuhr die Zugbrücke hoch.

Die beiden Ermittler hatten sich in Schale geworfen. Küps trug seinen Beerdigungsanzug für alle Gelegenheiten, Brandeisen einen klassischen Smoking mit Kummerbund. Noch bevor er an die eisenbeschlagene Tür des Palas klopfen konnte, schwang sie geräuschlos auf.

Ein Butler von erdgeschichtlichem Alter empfing sie. Offenbar war er stumm. Er nickte und geleitete die Ankömmlinge ins Innere.

Brandeisen hatte schon viele Schlösser gesehen. Doch Fahlenstein setzte allen die Krone auf. In der Halle hingen Gobelins, kunstreich gewirkt und farbenprächtig wie am Tag ihres Entstehens. Komplette Ritterrüstungen zierten die Ecken, poliert und geölt, als stünde das nächste Turnier just bevor. Der Boden bestand aus schwarzem Marmor.

Küps wollte gerade fragen, warum die Wandteppiche schauerliche Folterszenen zeigten. Und warum die Rüstungen große, klaffende Löcher in Brusthöhe aufwiesen – als er ein Geräusch wahrnahm.

Eine Orgel.

Der Butler hatte sich in Luft aufgelöst, also nahmen sie die einzige offen stehende Tür, gelangten in einen schmucklosen, klösterlich anmutenden Gang und folgten den Klängen. Es war das *Via Crucis* von Liszt, wie Brandeisen sogleich bemerkte, eine musikalische Meditation über die Stationen des Kreuzwegs. Die Halbtonwanderungen der Orgel wirkten einsam und verloren, zerrissen zwischen Kontemplation und dunkler Verzweiflung. Gleiches galt für den Bariton, der in klagendem Tonfall »Ave, ave, crux!« verkündete.

Sie betraten die Kapelle derer zu Fahlenstein. Der Raum besaß nur ein paar schießschartengleiche Fenster knapp unter der Decke und lag im Zwielicht des scheidenden Tages. Kirchlichen Zwecken diente er wohl nicht mehr, da Kreuze und andere christliche Symbole fehlten. Brandeisen bewunderte das gotische Maßwerk, während Küps an seine Ministrantenzeit denken musste und an die Tracht Prügel, als er beim Messweinsüffeln erwischt worden war.

Der Freiherr spielte das Stück zu Ende. Dann stieg er über eine verborgene Treppe von der Orgelempore herab und begrüßte seine Gäste. »Die Herren Gesetzeshüter. Willkommen in meinem Reich!«

Auch er trug einen Smoking. Unter der schwarzen Fliege glänzte ein sternförmiger Orden. Ebenso groß an Wuchs wie der Staatsanwalt wirkte er erstaunlich jung, obwohl er an die neunzig Lenze zählen durfte. Seine Augen waren wach und forschend, die Züge scharf geschnitten. In dem schwarzen, mit Brillantine nach hinten gekämmten Haar zeigten sich allerdings graue Strähnen. Und sein Teint passte zum Familiennamen: fahl wie das Pferd des vierten apokalyptischen Reiters, dem bekanntermaßen die Unterwelt hinterherzieht.

»Welch expressiver Vortrag!« Brandeisen machte einen Bückling. »Liszt ist immer ein faszinierendes Hörerlebnis. Doch kommen die Nuancen des Orgelparts nur durch einen begnadeten Interpreten und ein gutes Instrument voll zur Geltung.«

»Ah, ein Freund der Musik.« Zu Fahlenstein deutete eine Verbeugung an. »Und ein Meister des Kompliments.«

»Gestatten, Brandeisen. Haben Sie Dank, dass Sie uns Ihre wertvolle Zeit schenken.«

Der Freiherr winkte ab. »Die Zeit ist ein endloses Meer. Leider leben nur wenige an ihrem Ufer.« Damit wandte er sich Küps zu. »Dann müssen Sie der Kommissar mit dem grünen Daumen sein.«

»Entschuldigung?«

»Ich weiß alles über Sie, Ihr Ruf eilt Ihnen voraus. Ein Polizist mit Sinn für das Füllhorn der Natur, das ist etwas Besonderes.«

»Na ja ...«

»Ich bin gespannt, was ein Fachmann wie Sie zu meinem Mitternachtsgarten sagt.« Mit einer einladenden Geste forderte er die beiden Ermittler auf, die Kapelle zu verlassen. »Das Diner beginnt in einer Stunde. Begleiten Sie mich bis dahin auf einen kleinen Rundgang. Wir haben hier selten Besucher.«

Brandeisen und Küps kamen aus dem Staunen nicht heraus. Das Schloss war wie ein Gemälde, eine dunkle Schönheit, ebenmäßig und elegant, die Handwerksarbeit exquisit. Beim Betreten der einzelnen Räume hatte man den Eindruck, als würden sie nach langem Schlaf zum Leben erwachen und nur zögerlich ihre Kostbarkeiten preisgeben: der Salon mit Louis XV-Möbeln, ein Porzellankabinett, das Billardzimmer, die Säbel- und Pistolenreihen der Waffenkammer, eine mit schweren Stoffbahnen verschattete Galerie. Doch im Schein des flackernden Gaslichts war kein Staubkorn oder gar eine Spinnwebe zu entdecken.

»Ist es nicht furchtbar aufwendig, das alles instand zu halten?«, wollte Brandeisen wissen.

»Nicht der Rede wert«, entgegnete der Freiherr. »Heißt es nicht: Tradition verpflichtet?« Er öffnete eine mit Intarsien verzierte Flügeltür und führte seine Gäste in die Bibliothek.

Der Staatsanwalt schnappte schier über. In endlos hohen Zedernholzregalen war hier ein Eldorado des Wissens und der Künste versammelt. Schon ein flüchtiger Blick auf die Buchrücken, etwa auf eine fränkische Rechtsgeschichte des Mittelalters, als Körperstrafen noch eine bewährte, judizielle Praxis gewesen waren, sagte ihm: Wo du bist, will ich bleiben. Und lagen in den Schaukästen nicht Original-Partituren von E. T. A. Hoffmann?

»Möchten Sie ein wenig stöbern?«, fragte zu Fahlenstein.

»Mit dem größten Vergnügen!«

»Dann lassen wir Sie allein. Aber bedenken Sie: Nicht alles, was geschrieben steht, ist für die Augen Sterblicher bestimmt.«

Der Freiherr beschleunigte seinen Schritt, der mehr ein lautloses Dahingleiten war, und brachte Küps zum Wintergarten.

Der Kommissar hatte ein nostalgisches Ambiente erwartet, mit Palmen, Zitronenbäumchen und Rattanmöbeln. Doch fand er sich in einem hochmodernen Gewächshaus wieder: automatisierte Bewässerung, Heizung, Natrium- und Metalldampflampen zur künstlichen Beleuchtung sowie ein Energieschirm, der Wärmeverluste verhinderte und zugleich der Verdunkelung diente. Die Beete befanden sich auf verschiebbaren Rolltischen. Prompt erspähte Küps einen Schwarzkümmel, der gerade in Blüte stand, und nahm ihn näher in Augenschein.

»Schon der Prophet Mohammed schätzte diese Gewürzpflanze«, erklärte zu Fahlenstein. »Schwarzkümmel heilt jede Krankheit – nur nicht den Tod. So ist es überliefert.«

Küps strahlte. Sogleich entdeckte er weitere seltene Kräuter, thailändisches Pfefferblatt, Süßkraut, Weinraute und Gotu Kola, wie auf einem Schildchen vermerkt war.

»Ein Doldenblütler aus Indien. Regelmäßiger Verzehr soll verjüngend auf das Gehirn wirken.« Der Freiherr pflückte ein Blatt und steckte es in den Mund. »Ich gebe davon gern etwas in den Tee.«

»Was soll ich sagen? Respekt!«

»Wir haben auch Pflanzen, die der Gesundheit weniger zuträglich sind.« Sie gingen durch die Kräuterreihen und kamen in die Abteilung der Nachtschattengewächse. »Varietäten der Tollkirsche, Stechapfel, Bilsenkraut. Oder hier, die legendenumwobene Alraune. Ihre Wurzel hat manchmal die Form eines menschlichen Körpers. Sie nur aus der Erde zu ziehen, galt in früheren Zeiten als tödlich.«

Der Kommissar lachte. »Wie ein Hexenmeister sehen Sie mir nicht aus.«

»Ein Gärtner ist auch ein Bewahrer, meinen Sie nicht?« Zu Fahlenstein strich behutsam über die Alraunenblätter und setzte seine Führung fort. »Vermutlich fragen Sie sich, ob ein alter Kauz wie ich überhaupt Verwendung für eine solche Vielfalt an Gewächsen hat. Und wenn Sie es für einen Spleen halten, bekenne ich mich schuldig in allen Punkten der Anklage.« Vor einem weiteren Beet blieb er stehen. »Dies ist mein ganzer Stolz. Die Gattung Capsicum, auch als Paprika, Chili oder Peperoni bezeichnet.«

Chilipflanzen dehnten sich ins Unendliche, mit roten, gelben, grünen, violetten Schoten, in länglicher, bauchiger, konischer Form.

»Wir haben hier die klassische mexikanische Chili beziehungsweise Cayenne. Des Weiteren Kirschpaprika, Piment d'Espelette, Pimenton de la Vera, Habañero, Jalapeño, Thai-Chili, Malagueta aus Afrika. Und natürlich Bhut-Jolokia, die indische Geisterchili. Um nur einige zu nennen.«

Küps war beeindruckt, obwohl er selten scharf aß. Frau Küps verstand es, den Geschmack jedes Gerichts auf ein mehliges Minimum zu reduzieren, deshalb stellte er sich gelegentlich selber an den Herd. Wenn er Lust auf etwas Pikantes hatte, holte er sich ein Pfefferhuhn aus Köttensdorf.

»Ich hoffe, Sie mögen gut gewürzte Kost«, sagte der Freiherr, als hätte er die Gedanken des Kommissars gelesen. »Der Koch wurde angewiesen, für unser Diner ein entsprechendes Menü zu komponieren.«

»Ein ganzes Menü?«

»Aber ja! Scharf ist gesund. Chilis enthalten Capsaicin. Das revitalisiert Zellen, Arterien, Venen und Herz. Es senkt den Blutzuckerspiegel und steigert die Resistenz der Blutkörper gegen Bakterien.«

Küps horchte auf. »Hilft das auch gegen Cholesterin?«

»Gewiss! Verzehren Sie ein bis zwei Schoten Capsicum frutescens am Tag, und Sie fühlen sich gleich besser. Um Gewicht abzunehmen, ist es übrigens ideal, der Metabolismus verbrennt wegen des thermodynamischen Effekts mehr Kalorien.« Der Freiherr machte eine bedeutungsschwangere Pause. »Vor allem hält Capsaicin das Blut flüssig. Es verhindert die Blutklumpenbildung.«

»So ein Mittelchen könnte ich gebrauchen. Das Ergebnis meiner letzten Untersuchung war nämlich ... unerfreulich.«

Zu Fahlenstein legte dem Kommissar die Hand auf die Schulter wie ein Arzt, der seinen Patienten beruhigen will. »Mit Capsaicin in den Adern werden Sie ein ganz neuer Mensch. Zum Anbeißen, wenn Sie den kleinen Scherz erlauben.«

»Sie müssen es ja wissen, Herr Professor.«

»Im Ruhestand, mein Lieber, ich bin schon lange emeritiert. Doch manchmal sehne ich mich zurück nach bewegteren Tagen voller Leidenschaft und Gefahr.« Ein wehmütiger Gesichtsausdruck trat auf das Antlitz des Freiherrn, der früher ein großer Herzensbrecher gewesen sein mochte.

Küps dagegen hatte die Leidenschaft an den Nagel gehängt. Er galt nicht gerade als Charmeur, und aufgrund seiner Leibesfülle hielt er seine Anziehungskraft für eingeschränkt.

Er seufzte und blickte zum Dach des Gewächshauses empor. Durch einen Spalt des Energieschirms konnte man den Himmel erkennen. Der Polarstern war aufgegangen, hell, klar und unerreichbar.

Plötzlich wurde er von einem Schwarm Fledermäuse verdunkelt. Mit träge schlagenden Schwingen sanken die Tiere dem Burgfried entgegen.

In der Zwischenzeit studierte Brandeisen eine Faksimileausgabe mittelalterlicher Rechtsgeschichte. Auch er schwelgte in der Vergangenheit. Was waren das für Zeiten gewesen, als man noch guten Gewissens die Abtrennung eines Ohres oder einer Hand anordnen konnte! Als man die Wahl hatte zwischen Peitsche und Stock, selbst für geringe Vergehen wie Husten bei der Gerichtsverhandlung oder Blockieren der Kutsche des fürstbischöflichen Inquisitors. Wenn es diese Strafen heute noch gäbe, liefe der halbe Landkreis verstümmelt herum.

Doch als Libertin des Geistes versagte sich der Staatsanwalt sadistische Neigungen. Er klappte das Buch zu und sah sich weiter um. Bücherwürmer wären imstande, in dieser Bibliothek Wochen zu verbringen ohne sich eine Sekunde zu langweilen! Allein die Barockromane nahmen drei Regale ein.

Zu Fahlenstein schien ein Kenner zu sein. Auch bei den Romantikern war seine Sammlung bestens sortiert. Brandeisen vertiefte sich in die *Hymnen an die Nacht*: *Hinüber wall ich, / Und jede Pein / Wird einst ein Stachel / Der Wollust sein.* Ja, dieser Novalis wusste zu dichten!

Weiter ging die literarische Reise. Was für eine Wonne, die Fingerkuppen über altersglatte Buchrücken gleiten zu lassen. Ob zu erspüren war, welche Geheimnisse dahinter schlummerten?

Bei einem leicht hervorstehenden Band blieb Brandeisen hängen. Seltsam. Er versuchte, das Buch herauszuziehen, doch es steckte fest. Zugleich hörte er ein Geräusch, wie von einem aufschnappenden Riegel. Das Regalbrett klappte nach hinten weg, und eine neue, bislang verborgene Bücherreihe kam zum Vorschein.

Nach dem ersten Schreck konnte sich Brandeisen ein sardonisches Lächeln nicht verkneifen. Hatte er den Giftschrank seines bibliophilen Gastgebers entdeckt?

Chronik der Herren zu Fahlenstein, las er in geprägter Frakturschrift. Die voluminösen Bände waren von 1 bis 13 durchnummeriert. Den Abschluss bildete ein Opus mit dem schlichten Titel *Anonyma*. Diesen Band schlug der Staatsanwalt auf – und traute seinen Augen nicht.

Wenn im Turm von Schloss Fahlenstein das Geisterlicht brennt und die Dohlen um die Zinnen und Dächer fliegen, dann kommt Unheil über das Land. Dann geht der Freiherr um und holt sich seine Opfer. Auf dem Schloss kam er einst zur Welt, als Sohn der Kastellansfrau und eines Gastes aus dem Karpatenland, den alle Welt nur unter dem Namen --- kennt. Das Böse wurde dem Adelsspross also gleich in die Wiege gelegt. Als er den Kindern der umliegenden Dörfer die Zähne in den Hals schlug und ihre Schulaufsätze stahl, nagelten ihn mutige Männer an das Schlosstor – mit einem dicken Meißel mitten durch die Brust. Doch sie enthaupteten ihn nicht, und so überlebte er die Zeiten ...

Es folgte eine unkenntlich gemachte Stelle. Nach den verderbten Zeilen ging es weiter:

Oh, ihr Unglücklichen, die ihr die Zeichen nicht erkennt! Er ist stärker als ihr! Niemand hält den Freiherrn auf.

Brandeisen sann über diese triviale Schauermär nach. Ob frühere Leser auch schon das empfunden hatten, was Freud als Angstlust bezeichnete?

Da gewahrte er etwas in seinem Rücken. Einen Lufthauch hinter seinem – glücklicherweise unabgetrennten – Ohr.

»Störe ich?«

Er fuhr herum.

Eine junge Frau stemmte die Hände in wohlgeformte Hüften. Ihr Haar reichte weiter hinab, samtschwarz und glatt wie die Rutschbahn zur Hölle. Unter einem akkuraten Pony schwelte ein Blick, der Brandeisen gegen seinen Willen gefangen nahm. Sie trug High Heels und ... eine Art Gymnastikanzug. Das bemerkenswerte Textil bestand mehr aus Löchern denn aus eng anliegendem Stoff.

»Kommen Sie vom Sport?«, rutschte es dem Staatsanwalt heraus.

»Stellen Sie das wieder zurück.« Sie wies auf die Chronik. »Onkel Ludo kriegt sonst die Krise.«

»Das ist wohl sein Allerheiligstes?« Er tat, wie geheißen.

»Ich bin Belladonna.« Sie zog Band 13 ein Stück weit heraus. Die Regalreihe klappte nach hinten und tauschte ihren Platz mit den Büchern, die sich zuvor an dieser Stelle befunden hatten. »Und Sie müssen das Richterlein sein.«

»Manchmal auch das.« Brandeisen nannte seinen Namen.

»Schnüffeln Sie ein bisschen herum?« Belladonna lächelte verführerisch und tätschelte die Wange des Staatsanwalts.

»Nichts läge mir ferner!«, stammelte er. »Das war reiner Zufall.«

»Du gefällst mir.« Sie schmiegte sich an ihn und öffnete karmesinrote Lippen, die schmachtend zu nennen exakt der Situation entsprach. »Am liebsten würde ich dich gleich hier vernaschen.«

Nachdrückliches Räuspern. Eine weitere Schönheit betrat die Bibliothek. Sie war eisblond und wirkte strenger als Belladonna, steckte sie doch in einer grauen Uniform, die an den Aufzug einer Militärjunta gemahnte. Ihre Reitstiefel waren auf Hochglanz poliert.

Brandeisen, froh über die Unterbrechung, nahm Haltung an und machte sich bekannt.

»Brunfelsia zu Fahlenstein.« Ein knappes Nicken. »Die Manieren meiner Schwester lassen vor dem Essen leider zu wünschen übrig.« Sie bedachte Belladonna mit einem strafenden Blick. »Es ist angerichtet«, fügte sie hinzu und ging voran.

Wie sich herausstellte, hatte der Freiherr insgesamt drei Nichten, Studentinnen, die vor dem Beginn des Herbstsemesters bei ihm zu Gast waren.

»Familienbande«, sagte er und hob seine Champagner-flöte. »Die jungen Damen halten mich auf Trab, sonst werde ich noch zum Einsiedler. À votre santé!«

Brandeisen und Küps prosteten allen zu. Barbiturata war die letzte im Bunde, ein ätherisch wirkendes Wesen, dessen rote Haare in Kontrast zu den efeugrünen Schleiern ihres Wickelkleids standen.

Sie hatten im Bankettsaal Platz genommen, am Ende eines unglaublich langen Tisches. Im Kamin prasselte ein Feuer, von der Decke hing das Banner derer zu Fahlenstein: ein undefinierbares Tier, vielleicht ein Löwe oder ein Wolfshund, der seine Fänge in den Rücken eines Wildschweins schlug, nicht unähnlich der Abbildung auf dem Schellen-Ass eines Schafkopfspiels.

Der Butler schob einen Servierwagen herein. Ein buckliger Diener folgte ihm und half beim Auftragen. Als ersten Gang gab es Kürbissuppe mit Milchlammspießen.

Der Schärfegrad machte dem ausgehungerten Kommissar nichts aus. Er schaufelte Löffel für Löffel in sich hinein. Brandeisen rang um Atem, doch seit einem Mexiko-Urlaub konnte er pikanter Cuisine durchaus etwas abgewinnen.

Die drei Nichten rührten die Suppe kaum an. Sie saßen den Ermittlern gegenüber. Brunfelsia beobachtete ihre Schwestern. Barbiturata starrte ins Leere. Und Belladonna hatte merkwürdigerweise nur noch Augen für Küps, der einen höllenscharfen Spieß nach dem anderen verputzte und um Nachschlag bat.

»Eigentlich bin ich Vegetarier«, sagte der Freiherr. »Ich enthalte mich, wie man so sagt.«

»Und das Lamm?«, wunderte sich Brandeisen.

»Nun ja, Schafe sind in der Gegend recht verbreitet. Eine Art Grundnahrungsmittel.« Er warf Brunfelsia einen betretenen Blick zu und wechselte das Thema. »Kommen wir zu diesem Fall, wegen dem Sie hier sind. Was kann ich für Sie tun?«

»Keine große Sache, vielleicht klärt sich alles im Handumdrehen auf.« Brandeisen tupfte den Mund mit einer Damastserviette ab. »Es begann mit dem Überfall auf einen Fahrradkurier. Er transportierte Blutproben mehrerer Bamberger Arztpraxen. Seine Tasche wurde bei einem Zusammenstoß entwendet. Der Kurier prallte mit dem Kopf auf den Asphalt und kann sich an nichts mehr erinnern.«

»Proben, so, so.«

»Namentlich gekennzeichnet, zwei bis zehn Milliliter pro Patient. Sie sollten im Labor an der Promenade analysiert werden.«

»Kleines Blutbild, großes Blutbild, Blutkörperchen-Senkungsgeschwindigkeit«, zählte zu Fahlenstein auf.

»Kurz darauf verschwanden drei Personen, von denen sich Proben in der Tasche befunden haben. Drei junge Männer und eine junge Frau. Sie kamen nachts nicht mehr nach Hause und sind seit einer Woche vermisst.«

»Und weiter?«

»Sie haben alle die gleiche Blutgruppe, AB Rhesus negativ.«

Der Freiherr nahm einen Schluck Champagner. »Interessant. AB Rhesus negativ ist selten. Die Betreffenden besitzen kein Rhesusfaktor-D-Antigen. Es ist vor allem bei Bevölkerungsgruppen verbreitet, die in früherer Zeit isoliert waren. Im Baskenland etwa, oder in der Schweiz.«

»In Amerika und in Ostasien gibt es gar keine Rhesus negativen Ureinwohner«, ergänzte Brandeisen, der sich im Internet schlau gemacht hatte.

»Und Menschen mit diesem Blut werden immer weniger. Es wird nicht dominant vererbt.« Zu Fahlenstein glättete eine Falte im Tischtuch. »Manche Leute halten das für bedauerlich. Sie glauben, AB Rhesus negativ sei besonders rein, unverfälscht. Zu denen gehöre ich natürlich nicht.« Ein Seitenblick zu Brunfelsia, die den Dialog gespannt verfolgte.

»Aber vielleicht wurden die verschwundenen Personen von solchen Leuten entführt«, wagte sich Brandeisen weiter vor. »Von Leuten, die reines Blut schätzen.«

»Wer sollte das sein?«

»Satanisten, Anhänger eines Geheimbunds, eine Vampirsekte. Ich weiß, das klingt abwegig.«

»In der Tat!«

»Heutzutage muss man mit allem rechnen. Ich habe gehofft, ein Mann Ihres Formats wäre auch mit den okkulten Seiten seines Fachs vertraut.«

Das Lachen des Freiherrn hallte im Bankettsaal wider. »Sie haben eine blühende Phantasie, Herr Staatsanwalt. Nicht unsympathisch in diesen geistfernen Tagen.«

Küps war mit der Suppe fertig und wischte sich den Schweiß von der Stirn. »Sie haben nicht zu viel versprochen, Eure Exzellenz. Ich spüre schon, wie das Blut in Fluss gerät.«

Zu Fahlenstein nahm den leeren Teller mit Wohlwollen zur Kenntnis. »Das kann ich mir lebhaft vorstellen.«

»Diese Chilis wirken Wunder.«

»Gäste mit gutem Appetit sind uns die liebsten«, schnurrte Belladonna.

Der Kommissar erschauderte. War das ein nackter Fuß, der da gerade unter dem Tisch seine Wade berührte und anfing, sich daran zu reiben? »Das Lamm hätte etwas Knoblauch vertragen«, meinte er, um irgendwas zu sagen.

»Die Wirkung dieser Knolle wird gemeinhin überschätzt.« Zu Fahlenstein klatschte in die Hände. Das Geschirr wurde abgetragen, der Butler schenkte roten Bordeaux ein.

Belladonna trank ihr Glas in einem Zug aus und zwinkerte Küps zu. Ihre Zehen krabbelten seinen Unterschenkel empor.

»Chilischärfe ist gut fürs Blut?«, fragte Brandeisen nachdenklich und betrachtete den Kommissar, als sei er ein Versuchskaninchen.

»Gerinnungshemmend. Keine Bröckala.« Küps wusste nicht wohin mit seinen Beinen, also ließ er sie da, wo sie waren. Eine kleine Massage konnte nicht schaden.

Der nächste Gang wurde gebracht, Bluttaube auf Habañero-Reis. Eine Spezialität des Hauses, wie der Freiherr anmerkte.

Brandeisen verneigte sich. »Merci beaucoup. Sie haben uns sehr geholfen.«

»Vampire, also ich muss schon sagen!«

»Nur eine Hypothese.«

»Bleiben Sie, so lange Sie wollen. Dann können wir die langen Winterabende dazu nutzen, uns an intellektuellen Gesprächen zu erbauen.« Zu Fahlenstein senkte seine Nase ins Glas und prüfte versonnen das Bouquet des Weines. »Die langen dunklen Abende. So viele dunkle Winter.«

Küps machte sich über die Taube her. Dabei führte er das Messer ein wenig zu forsch. Die Klinge glitt an der Kruste ab und ritzte seinen Zeigefinger. Ein paar Blutstropfen quollen hervor.

Es war, als ginge ein gefallener Engel durch den Raum.

Belladonnas Augen weiteten sich wie unter Drogen. Brunfelsias gestrenger Blick schmolz zu einem unbändigen Sehnen. Barbiturata erwachte aus ihrer Lethargie und fixierte den verletzten Finger. Ihre Schleier umflatterten sie wie die Schwingen einer Fledermaus.

Der Freiherr streckte seine Hand aus, schien sich aber gerade noch beherrschen zu können und bedeckte die Wunde des Kommissars mir einer Serviette. »Sie sollten vorsichtiger sein!«

Brandeisen erhob sich. »Ich fürchte, wir müssen auf den Nachtisch verzichten.«

»Was soll das heißen?«

»Leider können wir auch nicht übernachten.« Er zerrte Küps vom Stuhl hoch. »Nun kommen Sie schon!«

»Warum dieser überstürzte Aufbruch?«, fragte zu Fahlenstein überrascht. »Nicht so hastig, meine Herren. Festina lente!«

»Eile mit Weile«, raunte Brandeisen dem Kommissar zu. »Das ist der Wahlspruch von Graf Dracula. Nichts wie weg!«

Doch die Saaltür wurde von dem Butler und seinem buckligen Adlatus bewacht. Ihre grauen Gesichter wirkten abweisend und feindlich, eine Hellebarde befand sich in Griffweite.

Der Staatsanwalt war sich sicher, dass die untoten Schergen den Ausgang mit ihrem Leben – oder was davon übrig geblieben war – verteidigen würden.

»Dann eben durchs Fenster.« Brandeisen schubste Küps vor sich her und gab ihm einen kräftigen Stoß. Das Bleiglas zersplitterte, und der Kommissar schoss wie eine Kanonenkugel nach draußen. Brandeisen hechtete hinterher.

Sie rutschten über die abschüssige Dachfläche und landeten auf dem Verdeck der Kutsche, wodurch der Sturz abgefedert wurde. Als sie wieder auf die Beine kamen, rannte der Staatsanwalt zu seinem Citroën und startete den Motor.

»Die Zugbrücke!«, rief er.

Neben dem Tunnelgewölbe befand sich ein Kasten mit einem großen roten Knopf. Küps drückte darauf und sprang in den Wagen.

Unendlich langsam senkte sich die Brücke. Im Rückspiegel tauchten zu Fahlenstein und seine Nichten auf. Brunfelsias Finger streckten sich ihnen wie Krallen entgegen. Belladonna bewegte sich wie ein Panther, bereit zum Sprung. Barbituratas Schleier wehten im Nachtwind, als wollte sie sich in die Lüfte erheben.

Der Staatsanwalt gab Gas.

Nach ein paar Kilometern fand der Kommissar die Sprache wieder. »Und was sollte das jetzt?«

»Haben Sie nicht gesehen, wie diese sogenannten Nichten Sie angestarrt haben? Wir sind in ein Vampirnest geraten.«

»Lesen Sie jetzt Heftchenromane?«

»Den Damen ist bei Ihrem Anblick das Wasser im Munde zusammengelaufen.«

»Ich habe eben eine gewisse Wirkung auf Frauen.« Küps zupfte Glassplitter von seinem Anzug und dachte an Belladonnas gelenkige Zehen.

»Die hätten Sie völlig ausgesaugt. Ein wahres Festmahl wären Sie geworden, wegen der Blutverflüssigung. In den

Augen eines Vampirs sind Sie so etwas wie ein menschliches Partyfass.«

»Meinen Sie wirklich?«

»Zu Fahlenstein wirkt zivilisierter. Vermutlich hat er jahrzehntelang ›vegetarisch‹ gelebt, um nicht aufzufallen. Er ernährte sich von Juraschafen und verirrten Touristen – bis diese Furien seine Ruhe störten. Brunfelsia ist der Kopf des Ganzen. Sie dürstet nach reinem Blut, wie es früher in Transsylvanien verfügbar war. Deshalb überfiel sie den Fahrradkurier. Die Informationen in seiner Tasche waren unbezahlbar. Nie mehr x-beliebige Teenager im Hain aussaugen, die vielleicht nur Blutgruppe Null haben. Oder Sandkerwaleichen mit jeder Menge Aperol Sprizz in den Adern. Der Nachgeschmack muss entsetzlich sein.«

Küps begriff. »Dann haben die sich ganz gezielt die Vermissten geschnappt. Drei junge Männer für die Nichten. Und das Mädchen für den Freiherrn.«

»Ein Schmankerl, damit der alte Gourmet wieder auf den Geschmack kam. AB Rhesus negativ ist quasi der Chateau Pétrus unter den Blutgruppen.«

»Schön, so fürsorgliche Nichten zu haben.«

»Papperlapapp!«, wies Brandeisen ihn zurecht. »Wir sind gerade noch einem schrecklichen Schicksal entronnen.«

Der Kommissar starrte eine Weile in die Dunkelheit. Sie fuhren schnell, die Bäume eines lichtlosen Tals wischten schemenhaft vorbei.

»Wenn die mich gebissen hätten, wäre ich also zum Vampir geworden?«, überlegte er laut.

»Ein Freifahrschein in die ewige Verdammnis.«

»Na und?« Er zuckte mit den Schultern. »Als erstes hätte ich mich pensionieren lassen, wegen Burn-out. Dann wäre ich im Schloss eingezogen. Der Freiherr braucht bestimmt einen Gärtner – genau der richtige Job für mich. Ich hätte mir einen hübschen Sarg gezimmert, für tagsüber. Und nachts ... Diese Belladonna scheint anlehnungsbedürftig zu sein.«

»Sie kapieren es immer noch nicht«, sagte Brandeisen. »Die zu Fahlensteins halten sich für etwas Besseres, Adelsgesocks, um mit Ihren Worten zu sprechen. Die sehen auf Leute wie Sie herab. Entweder man hätte Sie behandelt wie einen Leibeigenen, oder Sie wären gleich als Blutwurst geendet. Wahrscheinlich ist es den vier Vermissten so ergangen.«

»Blutwurst?«

»Komplettverwertung. Wenn Vampire vom Blutrausch übermannt werden, etwa nach langer Abstinenz, lassen sie von ihren Opfern keinen Bissen übrig. Gehen Sie nicht ins Kino?«

Blutwurst war das Stichwort. Küps kam zur Besinnung. Er bat den Staatsanwalt, auf dem Rückweg nach Bamberg in einem Landgasthof zu halten. Nach diesem Vampirmenü brauchte er etwas Anständiges im Magen.

Es wurde ein opulentes Nachtmahl. Der Kommissar tat sich an einem Schäuferla gütlich. Brandeisen entschied sich für einen Karpfen und trank sogar ein Bier mit.

»Was die wohl mit Ihnen gemacht hätten, wenn Sie ein Vampir geworden wären?«, fragte Küps und züllte den Knochen der Schweineschulter ab. »Bei Ihrer Bildung!«

»Die drei Grazien studieren ja noch. Aber diese Blutsaugerei stelle ich mir extrem zeitraubend vor. Man muss die Opfer ausfindig machen und auf eine günstige Gelegenheit warten. Da kommt es leicht zu Überlastungen. Bestimmt hätte ich ihre Doktorarbeiten schreiben müssen.«

»Ist das nicht verboten? Plagiat und so?«

»Vampire und Freiherren nehmen es da nicht so genau.«

In der Morgendämmerung des folgenden Tages ging Brandeisen frisch ans Werk. Irgendjemand musste der Plage ein Ende bereiten. Er spitzte einen Satz Holzpflöcke an und packte seinen Campinghammer ein, des Weiteren Knoblauchzöpfe, Kruzifixe und Weihwasser. Aus der Stadtbücherei holte er die Vampirromane einer jungen amerikanischen Autorin, vor denen sogar Vlad, dem Pfähler, gegraut hätte.

So ausgerüstet fuhr er zu Küps. Das Radio lief.

Eine Eilmeldung. Das Verschwinden der mutmaßlichen Mordopfer hatte sich aufgeklärt. Die jungen Leute waren spontan zu einem mehrtägigen Rockfestival in Duisburg gefahren. Sie hatten einige Tage Amsterdam drangehängt und waren inzwischen wohlbehalten zurückgekehrt.

Die Lippen des Staatsanwalts bebten. Wieder ein Fall für die Außer-Spesen-nichts-gewesen-Statistik. Dabei war er sich dieses Mal so sicher gewesen!

Er überquerte die Markusbrücke. In der Nacht hatten sich wieder Vandalen an den Blumenkästen zu schaffen gemacht und die Geranien rausgerupft. Schande!

Und all die parkenden Autos in der Markusstraße, einige mit ortsfremdem Kennzeichen. Die hatten bestimmt keinen Anwohnerausweis.

Weiter zum Markusplatz. Ein Radler zischte gefährlich nahe an dem Citroën vorbei und überfuhr die rote Ampel.

Das war zu viel. Brandeisen nahm die Verfolgung auf.

Nina George

Der beste Dünger

Es ist ein perfekter New Yorker Sommertag, an dem Fotos für Bildbände geschossen werden, für die Hochzeits-Seiten der Times und für die Sexanzeigen von *craigslist.com*; »Kavaliere bevorzugt in Midtown« (rotes Höschen auf minderjähriger Haut), »Sonntagmorgenliebhaber in Soho« (purpurschwarze Erektion vor weißer Kachel), »Nasser als nass in Queens«. Salzwässrige Tropfen auf einem gespreizten Etwas, das Amy Bishop an den Kelch einer violetten Calla denken lässt.

Die Calla. Geburtsname Zantedeschia. Symbol von Ewigkeit, Liebe und Tod. *Für immer dein*, verspricht sie, *auch nach allem Ende.*

»Vulvatränen auf Todesblume. Oh, Jack«, flüstert Amy.

Sie tippt auf den Link der Anzeige »Nasser als nass in Queens«. Ihr Mann Jack muss das Inserat im Verlauf des Sonntagsfrühstücks entdeckt haben, während er vorgab, auf dem iPad die Times zu lesen, die mit den Gartenmorden aufmachte. Seit Jahren werden junge Huren tot in New Yorker Gärten gefunden. »Blühendes Ableben« nennt die Times den elften Serienmord in drei Jahren.

Amy hatte Kaffee gebrüht und Jack von der alleinstehenden Nachbarin erzählt (»Pam ist schwanger, mit 44!«), von Matthew (»unser Sohn will Weihnachten *nicht* nach Hause kommen«), von sich (sie hatte Zucchini gesät), während er sich heimlich mit der feuchten Königin von Queens verabredet hatte. Jack hatte zwar an den passenden Gesprächsstellen zustimmend gebrummt, sich aber vermutlich vorgestellt, wie »Nasser als nass« oberhalb der lila Blüte aussieht. Dann war er aufgebrochen, mit dem Crossbike. In Radlerhosen sieht Jacks Jack aus wie eine mopsige Baumfrucht.

Jackfrucht vögelt falsches Schweinsohr, denkt Amy. *Alchemilla, Belamcanda, Zantedeschia, die haben es gern feucht*; es kommt ständig vor, Männer betrügen Frauen mit jungen Huren und halten das für keine große Sache. Jack ist 51. Herbstzeitloser, manche blühen erst im Lebensoktober auf, *Indian Summer Man*.

Amy liebt Bildungskurse. Computer, Chemie, Literatur. Blumen.

»Und was bringen dir die Blumenschwuchteln so bei?«, hatte ihr Mann gefragt, als Amy begonnen hatte, jeden Sonntag bei den Daisygays, den Blumenschwuchteln, wie Jack Bishop die Brooklyner Gartenarchitekten Grahame und Phil von Plant Specialists gutmütig bezeichnet, im Gardening Course zu verbringen. Während Jack durch die Gegend radelt *und frische Blumen pflückt. Dieser verfluchte ...!*

»Wir lernen, dass Blumen wie Menschen sind«, hatte Amy geantwortet. Es gibt Festkraller. Spätblüher. Verführer und Sklaven.

»Blumen haben Charakter«, hatte Grahame doziert. »Sie werden nach ihrem Geltungsdrang, ihrem Streben nach Freiraum, Macht und Licht unterschieden. Es gibt Herrscher, die keinen neben sich dulden, wie Amaryllis oder Rohrkolben. Eine Lady mit mittlerem Geltungsdrang ist die Calla – sie ist kein Cheftyp, eher die gesellige Edeldame. Es gibt kokette Prunkstücke wie die Rose, verbindliche Seelen wie die Margerite und Kriechtypen, die nur dafür leben, Herrscher-, Prunk- und Edelformen zu unterstreichen. Efeu, Heide und Gräser, etwa.«

»Wenn ich der Rohrkolben bin: was bist du dann? Kriechefeu oder Windende Quitte?« Jack hatte gelacht, Amy auch, sie kann das, doch. Nach zwanzig Ehejahren, einem Sohn, Hunderten Spaziergängen, Hand in Hand durch Brooklyn Heights, kann Amy noch lachen. Und außerdem meinte es Jack bestimmt nicht so.

Sie hat ihm nie gesagt, dass es Mörder unter den Blumen gibt. Meist sind es die Schönheiten. *The Beauty is a Beast.* Tulpen, Narzissen, Hortensien: Reizende Totmacherinnen, die einem den Darm perforieren. Oder Schneeglöckchen – wahre Miststücke, die auf den Gräbern ihrer Giftopfer neckisch mit den Köpfchen wippen. Die Becherprimel, ein rachsüchtiges Ding, gleicht ihr harmloses Aussehen mit einem Drüsensekret aus, das einem die Haut von den Knochen schält. Wie aus dem Ei gepellt, oh, ja.

Es ist ein herrlicher Tag, Luft wie Seide, Amy schafft es ins Bad. Sie schlägt sich die Knie auf den Fliesen auf, und was ihr heiß die Speiseröhre nach oben und ins WC schießt, schmeckt nach Omelett mit Bärlauch und Parmesan von *Cheese of the World*, Austin St. Und den Zucchini, die sie auf dem Balkon erntet, schier seit Monaten.

Jedes Jahr dasselbe: Wohin mit all den Zucchini?

Die feuchtfröhliche Calla aus Queens ist nicht die erste, auf die die Jackfrucht trifft; Jack pflückte schon Wildrosen, Orchideen, Mohnblumen. Im Computerkurs hat Amy gelernt, Webspione zu installieren. Sie weiß, wohin ihr Mann surft. Am liebsten zu *craigslist*.

Jack und sein lüsterner Garten. Für einen Cop ist er nicht sehr gut im Verstecken. Captain Bishop, Hurenbock Department.

Amy denkt an Jacks Hände auf ihrem Bauch, wenn er zwischen ihren Schenkeln liegt und sie leckt; er hat eine Art, sie mit den Fingern zu kneifen, im selben Takt wie seine Zunge arbeitet.

Aus ihrer Kehle ringt sich ein Stöhnen, es bricht entzwei auf dem Weg nach draußen. Tränen fallen in das parfümierte WC-Wasser.

Amy kotzt, sie denkt an ihren Sohn Matthew, er ist so jung. Dann putzt sie sich die Zähne, das Bad.

Nein. Keine Scheidung.

Im Gartenkurs haben sie mal über eine Welt ohne Männer geredet. Phil erklärte, welche Blumen Kerle in Dünger verwandeln. Sie hatten alle gelacht. Und mitgeschrieben.

Amy nimmt die Crosstown Line zu Phil und Grahames Townhouse am Vernon Boulevard. Sie ist 30 Minuten zu spät, die anderen sind noch bei der Theoriestunde auf der Terrasse mit Blick auf Queensboro Bridge und Midtown Manhattan, bei Hendrick's Gin Tonic mit daumendicker Gurkenscheibe. »Heil- und Küchenkräuter in urbanen Mauergärten« lautet das heutige Thema.

»Zwergmispel, Edelgamamba, Drachenmaul, die sind mit Ritzenplätzen zufrieden. Krallen sich fest, und geben ihren Platz, so klein und gedrungen er sein mag, nicht mehr her«, doziert Phil, er sitzt halb auf Grahames Stuhlarmlehnen.

»Wie du, mein Drachenmäulchen«, murmelt Grahame, »in jedem Lebensgarten ist Platz für ein kleines Monster.«

Alle lachen. Phil mit geschlossenen Lippen.

Die dicke Priscilla aus Harlem fängt an, über die Hurenmorde zu klatschen.

»Das FBI tippt ja auf Weiß, Mittelklasse-Auto – und verheiratet! Es könnte jeder sein, sagt das FBI. Sogar du, Grahame!«

»Meine Güte, Schätzchen, du solltest nicht so viel facebooken«, sagt Grahame, »außerdem würde ich NIE einen Ford Taurus fahren!«

Auflachen, nachgießen.

Auch die anderen wissen Bescheid.

»Er tötet nur im Sommer.« –

»Kein Wunder, im Winter ist der Boden zum Umgraben zu hart!« –

»Und er ist sozial kompetent, intelligent, freundlich, sagt das FBI.« –

»Also, meine Liebe, das KANN nicht JEDER sein! Und Clooney wohnt gar nicht mehr in der Stadt ...«

Noch mehr Gelächter.

»Er hat sie alle über *craigslist* kennengelernt. Die Kleinanzeigen, wisst ihr? Da inserieren ja auch ... so welche«, flüstert Priscilla.

Amy nimmt sich einen doppelten Hendrick's GT. *Craigslist*, ja?

»Ach, da findest du aber wirklich alles«, meint Phil. »Hier, diese Keramikschüsseln aus Utah ...«

Grahame tätschelt Phils Wange, väterlich.

»Der Serienkiller ist vertraut mit modernen Ermittlungstechniken.« Sabrina aus dem Village hat studiert und zeigt es gern. »Hinterlässt keine Spuren. Manche sagen, dass der Nuttenkiller ein Cop ist. Wer sonst könnte Cops so gut täuschen?«

Raunen.

Amy friert auf einmal.

Phil beginnt, den Aufbau einer Schottertrockenmauer zu erläutern. Dann fahren alle zum Socrates Sculpture Park, um mit den Händen in der Erde zu wühlen, mit zehn nackten Fingern. Jede hat dort ein eigenes Stück Gartenland, das sie betreut.

Amy pflanzt Zucchini, Kürbis, Kohlrabi. Niemals Blumen.

Sie verschenkt das Gemüse an Obdachlose. Phil drängt sie, sich den edleren Künsten zu widmen. »Amy-Sweetheart, schöne Anblicke nähren den Geist. Auch der muss satt werden. Pflanz' doch mal etwas, was nur hübsch ist, nicht essbar!«

Sie verabschiedet sich am Nachmittag zusammen mit Priscilla, sie nehmen die Crossline ein Stück zusammen. Jack ist bestimmt schon zu Hause, geduscht, frisch. Entspannt.

»Ist dein Mann nicht auch bei der Polizei?«, fragt die Dralle.

»Ja. Er ist einer von den GUTEN!«, sagt Amy, ihre Stimme schnellt hoch.

»Natürlich ist er das. Aber, ich meine ... was hält er von der ganzen Gartenmord-Sache? Seit drei Jahren kriegen sie den Mistkerl nicht, ich mein', das FBI und das NYPD hat 125 Leute auf den Fall angesetzt, 125! Hast du gehört, dass jedes Opfer überwuchert war mit Gras und Blumen?« Priscillas Augen sind gierig. »Die Dinger blühten die Leichen wie irre zu! Organischer Dünger, du weißt ja, was Phil darüber erzählt!« Sie kichert. Wer weiß, zu welchen Kursen Priscilla sonst noch geht, nur um solche Sätze zu sagen, wie »Das NYPD sagt ... Menschendünger ist der beste.«

»Wir reden zu Hause nicht über Jacks Beruf«, sagt Amy, »ich will all diese Gewalt nicht in meinem Haus haben.«

Priscilla ist nicht zufrieden.

Amy weiß, die Morde begannen in den Jahren, in denen sie dankbar gewesen ist, einen pubertierenden Sohn zu haben. Kein Mädchen, das sich auf *craigslist* anbietet, um was zu erleben. Jahre, in denen Matthew erwachsen wurde, zuhause auszog und Amy begann, im Sommer die Gartenkurse zu besuchen.

Jack hat sich vor drei Jahren das Rad gekauft; es passt in den Kofferraum ihres Ford Taurus. Ein Mittelklassewagen. Ihr Mann radelt jeden Sommersonntag, ist schlanker geworden, hat Farbe von der frischen Luft bekommen, wirkt ... präsenter.

Sie haben öfter miteinander geschlafen. Meist Sonntagabend. Zärtlich ist er dabei. Captain Jack Hurenbock Bishop.

In einem der Psychologiekurse an der Open School hat Amy gelernt, dass Männer Fehltritte »ungültig« machen, indem sie innerhalb von zwölf Stunden nach einem Seitensprung mit der eigenen Frau schlafen. Irgendwo anders hat sie gelesen, dass es Männer erregt, wenn sie töten. Dass sie deswegen gern rohes Fleisch grillen. Blut, das zischend verraucht. »Du hast gewonnen. Du lebst, ich nicht. Iss mich!«

»Wie bitte?« Priscilla ist irritiert.

»Nichts.«

Amy ist froh, dass Priscilla aussteigen muss.

Dann weint sie ein bisschen. »Oh, Jack«, flüstert sie.

In einem Hinterhofgarten in Queens wird drei Wochen darauf die zwölfte Frauenleiche gefunden. Ihr Name ist Tina Fox, auch sie ist eine *craigslist*-Hure, sie annoncierte unter der Chiffre »Nasser als nass«. Tina Fox ist über und über mit Vergissmeinnicht und Efeu überwuchert. Der Sommer ist warm, die Blüten nisten satt auf ihrem toten Körper. Jack wirkt nervöser, findet Amy. Wachsam.

Sie hat das Gefühl, dass er unruhiger schläft. Erst als Tina Fox nach ein paar Tagen aus den Nachrichten verschwindet, hört auch Jack auf, sich nachts herumzuwälzen oder blicklos aus dem Fenster zu starren und auf Amys Fragen nur mit einem »Hm? Entschuldige, was?« zu antworten.

Ob er fähig wäre, sie zu beseitigen? Seine eigene Frau?

Als sie ihm vorschlägt, ihr ein Rad zu kaufen, um ihn bei seinen Sonntagsausflügen zu begleiten, wirkt Jack wenig erfreut.

»Die Straßen sind nicht gut, das macht dir keinen Spaß, Liebes.«

»Aber die Bike Lane ist neu und führt durch halb Queens!«

Jacks Mundwinkel bebt bei dem Wort Queens.

»Die Abgase und der Verkehr ... das ist zu gefährlich. Ich wäre da nicht entspannt, wenn ich dauernd auf dich achtgeben müsste.«

»Ich glaube, Jack, du willst mich gar nicht dabei haben. Fährst du etwa jeden Sonntag zu deiner Geliebten?«

»Nicht *jeden* Sonntag, Dummerchen. Jeden dritten.« Er fängt sich. Er lacht. Amy lacht auch.

In ihrem Psychokurs wurde gesagt, dass Menschen die Wahrheit geschickt wie einen absurden Witz klingen lassen, sodass niemand sie je entlarvt.

Manchmal denkt sie, das einfachste ist, wenn sie sich umbringt.

Einfach auf der Brooklyn Bridge vom Fußgängerweg hinunter in den rollenden Verkehr fallen lassen. Es würde furchtbar sein, am Anfang. Wenn sie sich einen Truck aussucht, der nicht mehr ausweichen kann. Er würde ihren Körper überrollen, und mit den Reifen hin- und herschubsen wie eine fleischige Flipperkugel.

Dann erlöst sie Jack. »Schon gut. Du weißt, ich grab' lieber am Sonntag im Dreck herum. Und treffe meine Liebhaber, Phil, Grahame und den Riesenkürbis.«

Captain Bishop droht ihr scherzhaft mit dem Finger: »Vorsicht, junge Dame! Sonst muss ich dich doch noch übers Knie legen!«

»Das willst du wohl gern!«

»Wer weiß?« Er zwinkert ihr zu.

Amy fragt sich, ob Jack das mit den Huren gemacht hat. Ob er sie gern auf seinen Knien hat. Oder auf ihren, kriechend, auf allen Vieren. Nackt.

»Ich würde dabei jedenfalls meine Gartenknieschoner tragen«, murmelt sie. Das Weinen gibt sie auf.

Wenn sie ihren Mann beim Frühstück von hinten umarmt (und sich überwinden muss, es zu tun!), bedeckt Jack das iPad mit seiner großen Hand. Stattdessen beginnt er, ihr zuzuhören, nachzufragen. Nach Pams Schwangerschaft. Nach Matthew. Und den Zucchini. Amy fragt sich, ob er ahnt, dass sie ihm nicht traut. Er bringt ihr Schokolade mit, manchmal Zeitschriften. Selten Blumensamen.

An einem Sonntag, als Jack aufs Rad steigt, streift Amy sich Gartenhandschuhe über und öffnet Jacks Zweitallerheiligstes, den Birzman-Werkzeugkasten, den sie ihm vorletzte Weihnachten geschenkt hat (das Heiligste ist Jacks Carbon-Crossbike). Dieser Werkzeugkasten ist keiner von den nostalgischen, die wie zwei gebrochene Arme auseinanderklappen; sondern aus schwarzmattiertem Edelstahl, mit neongrünen, flachen Schubladen, deren drei schlanke Fächer lautlos auf Kugellagern nach vorne gleiten.

In einem vierten, versteckten Fach, das sich auf der Unterseite der obersten Schublade verbirgt, liegt ein billiges Silberkettchen mit einem Namensanhänger. *Tina.*

Nasser-als-nass-in-Queens-Tina-Fox?

Amy greift tiefer hinein. Fördert einen Büchereiausweis hervor. *Brit Sabback.* Und einen Schwimmclubpass. *Viola Satorius.*

Amy erinnert sich an die Bilder in der New York Times: Brit war in einem Feld wogender roter Tulpen gefunden worden, Viola in einem Nest aus Katzenminze.

Blumen sind keine Veganer, No Sir. Du hast gewonnen. Iss mich!

Amy spürt den Kotzreiz, aber diesmal hat sie ihn im Griff.

Sie schiebt die vierte, geheime Schublade wieder zu, den Birzman in die Ecke, die Rollräder gleiten zurück in die Teppichmulden. Amy kontrolliert die Schublade, ob da ein durchsichtiges Stück Tesa klebt, das zerrissen ist und ihr Herumgewühle verrät.

Sie wischt mit geruchlosem Reiniger über den Edelstahl, beseitigt die schwachen Fetttupfer ihrer Daumenkuppen. Sie ist sich sicher, keine Spuren hinterlassen zu haben. *Ziemlich* sicher.

Amy weiß genau, wann sie begonnen hat, ihre Fährten zu verwischen; als sie verliebt war in den Nachbarsjungen Craig. Und weil sie auch einen Cop als Vater hatte und sich als Backfisch Strategien überlegen musste, seinen Kontrollen zu entgehen, hatte sie begonnen, hinter sich selbst herzuräumen. Nie hat Dad Amy beim Rauchen, Trinken oder Träumen erwischt. Nicht beim Küssen. Lügen. Und in dem Tagebuch, das sie führte, schrieb sie Geschichten nur für seine Augen.

Ihr echtes Tagebuch bewahrte sie außerhalb des Hauses auf.

Wie stolz ihr Cop-Dad war, als sie einen Cop heiratete!

Am Abend sehen sie und Jack fern. Amy kann die ganze Zeit an nichts anderes denken als an die Ausweise in dem Birzman.

Was soll sie tun? Ein anonymer Hinweis ans FBI, und der Rest ... wäre nicht mehr ihre Sache. Jack würde leugnen, natürlich, aber die Ausweise, seine Dates mit den Nutten, das Kettchen: Jedes Geschworenengericht wäre sich über seine Schuld einig.

Sie stellt sich die Vernehmung vor.

»Aber Sie müssen doch etwas *gespürt* haben, Mrs. Bishop!«

»Nein, Detective, nichts ... ich habe ihm doch vertraut. Immer. Er ist mein Mann. Er ist ein Cop!«

Sie würden das Haus und ihr Leben auf links drehen. Matthew: völlig verstört. Amy: auf ewig die Frau des psychopathischen Killercops. New York: traumatisiert! Wem soll die geschundene Stadt denn trauen, wenn nicht den Männern des NYPD?

»Ist alles in Ordnung mit uns?«, fragt Jack.

»Natürlich, Jackman«, sagt sie.

»So hast du mich lange nicht genannt.« Seine Hand kriecht über das Sofa zu ihrer. Sie möchte sie wegziehen, aber sie will sich nicht verraten.

Seine Hand umschließt ihre. Warm. Vertraut. Er küsst ihre Hand.

Es werden immer wieder Frauen in Blumenbetten gefunden werden, solange, bis Jack nicht mehr kann.

»Oh, Jack!«

All diese jungen Frauen ... Amy bricht es das Herz, dass sie sich wegwerfen, für schwitzende Männer die Beine breit machen.

»Oh, Amy ...«, seufzt Jack, er küsst sie, seine Zunge öffnet ihre zusammengebissenen Zähne. Stößt und wühlt.

Amy beschließt, ihren Mann zu töten.

Zu ihrem 21. Hochzeitstag bringt Jack Blumen mit.

Purpurne Calla.

Während des Essens – Matthew lässt sich kurz blicken –, Spazierengehens und des Hochzeitstagbeischlafes, bei dem Jack ihre Handgelenke etwas zu fest in das Laken links und rechts neben ihrem Kopf drückt, formuliert Amy in Gedanken diverse *craigslist*-Anzeigen.

Sie denkt an tödliche Blumen. Wie sie verlocken, mit ihren lieblichen Gesichtern, ihrem Duft, ihrer Sanftheit.

Schachblume, blüht im April. Giftpflanze. Delirium, Tollwut, Angst vor Wasser führt zum Verdursten. Busenfreundin der Dichter-Narzisse, deren Zwiebel devitalisierende Darmkoliken auslöst. In Bratkartoffeln vielleicht, oder auf Salat? Oder Bilsenkraut, als Rauch eingeatmet führt es zum Atemstillstand; keltische Priester haben es benutzt, um sich high zu räuchern.

»Jack, ich glaube, ich möchte jetzt lieber schlafen.«

Er ist enttäuscht. Gleichzeitig sieht sie in seinem Blick Genugtuung; als habe er jetzt endlich wieder einen guten Grund, im Web zu surfen. Wenn sie nicht will, dann ...

Für einen Moment hat sie das Gefühl, er wollte wirklich tapfer sein. Aber das kleinste Zeichen ihres Desinteresses führt zum sofortigen Trotz. Er wird es wieder tun. Fremdgehen. Und dann ...

Am nächsten Tag schickt Amy 24 Anzeigen in den *craigslist*-Orbit. Von »Love me tender in Chinatown« über »Auf den Knien in Staten Island« und »Versohl meinen strammen Hintern in Harlem« bis hin zu »Iss meine Buttercremetorte!, Financedistrict« ist alles dabei. Als Fotos benutzt sie Google-Bilder. Sie weiß, dass sie das iPad danach entsorgen muss, für immer.

Sie weiß auch, dass Jack den Account *bikemanbrook69* benutzt; so kann sie die anderen Freier aussortieren. Der Zulauf ist enorm. Es scheint, als verabrede sich halb New York über *craigslist*. Sucht irgendjemand noch so etwas Altmodisches wie eine Bar auf, um eine Frau aufzureißen?

Bei manchen liest Amy in die Chatmails hinein, bevor sie sie löscht; sie ist erschrocken über die Rechtschreibabnormitäten.

Vielleicht schreiben die Typen einhändig?

Und über die Brutalität der Antworten; die meisten Männer schreiben genau, wie sie es haben wollen, und nichts davon liest sich, als ob es entspannend für die beteiligte Dame wäre.

Jack – *bikemannbrook69* – springt an einem Samstagabend an.

Amy ist allein oben im Schlafzimmer, während Jack unten die Zusammenfassung der League-Spiele sieht. Beziehungsweise ... während er so tut, als interessiere er sich für die Spiele. Er schreibt auf ihre Anzeige »Versohl meinen Hintern in Harlem«, ob sie ein »schlimmes Mädchen« sei, die sich »Hand oder Rohrstock« wünsche? Und das vielleicht gleich am Sonntagvormittag, so gegen halb zwölf, er brächte Croissants mit?

Ihre Finger tippen. Tränen tropfen auf die Tastatur.

»Leg mich übers Knie, Großer, ich war ein SEHR schlimmes Mädchen. Erst die Hand, dann den Stock. Oder bring ein Lineal mit, so ein langes mit Stahlkante. Und Butter, nicht nur für die Crossanks.«

Sie baut ein paar mehr Tippfehler ein, bevor sie es abschickt.

»Zeig mir vorher, was du Schlimmes machst«, kommt sofort retour. »Stell dir vor, ich schau dir durch das Schlüsselloch zu und ...«

Amy spürt ihren Puls im Gaumen, sauren Geschmack. Sie hat E-Mail-Sex mit ihrem eigenen Mann; und es könnte kein fremderer sein. Wieder wird ihr übel. Nie hat er so mit ihr gesprochen.

Sie fertigt ihn charmant ab, die Verabredung steht. Sie hat ihn in ein leer stehendes Haus an der Lafayette Av. bestellt.

Amy wäscht sich lange das heiße Gesicht, bevor sie runter geht ins Wohnzimmer. Jack schaut die Spiele, sein iPhone auf dem Couchtisch neben den Chips ist dunkel. Er hat den obersten Knopf seiner Hose geöffnet. Alles ist wie immer. Er lächelt, als er sie kommen sieht. »Ich bin so froh, dass wir uns haben«, sagt Jack.

Am nächsten Tag steht Amy früh auf und verabschiedet sich von ihm. »Wir haben ein Gartenfest im Socrates«, behauptet sie. »Kommst du später da vorbei in deinen schicken Radlerhosen?«

Jack nickt schläfrig.

»Iss dein Omelett«, sagt sie noch. »Ich habe heute etwas mehr Zwiebeln, Käse und Bärlauch hineingetan, das gibt Kraft.«

Das Haus in der Lafayette Av. ist groß, still und leer. Im obersten Stockwerk richtet Amy das Bett her, stellt Kerzen auf.

Sie setzt die rote Perücke auf, streift die halbe Katzenmaske mit den Federn und die langen Satinhandschuhe über.

Kurz vor halb zwölf hört sie Jacks Schritte; seine Bikerschuhe klicken mit den typischen Geräuschen die Treppen hoch.

»Hey, Großer«, flüstert Amy hinter der Maske.

Jack sieht nicht gut aus; er ist verschwitzt, kurzatmig, aber seine Jackfrucht scheint prall zu sein.

Amy schaut diskret auf die Uhr; wenn er das Omelett aufgegessen hatte, würde es gleich weitergehen: erst die Stauung in den Extremitäten, weil sich die Kapillargefäße langsam schlossen, dann erste Blutungen. Er würde sich übergeben, Durst haben, es würde ihm den Darm schier zerreißen.

Dann die Angst. Solche Angst.

Schließlich Delirium.

Herzinfarkt.

Ende.

Herbstzeitlose sind sehr giftig; ihre Blätter ähneln dem Bärlauch und ihre Knollen den Frühlingszwiebeln. Ihre Samen sind wie Pfefferkörner.

Er beginnt, sich auszuziehen; als er sich das Shirt über den Kopf quält, nimmt Amy ihre Perücke ab und zieht die Maske herunter.

»Hi, Jackman«, flüstert sie.

Jack Bishop ist für einen Moment paralysiert.

»Aber ... was?«

»Willst du mich etwa nicht übers Knie legen?«, fragt Amy. »Ich habe auch etwas ganz, ganz Schlimmes gemacht, Jackie ... das wird dir nicht gefallen. No Sir, ganz und gar nicht.«

Jack lässt die Schultern hängen. Schleppt sich zum Bett. Schaut sich um, schaut wieder seine Frau an.

»Es tut mir leid«, sagt er. »Ich wollte nicht, dass du es so erfährst.«

Er hustet, verschluckt sich, sie reicht ihm lächelnd eine Flasche Milch. Das würde die Wirkung des Colchicins beschleunigen.

»Ich weiß alles, Jack. Ich weiß von jeder einzelnen Frau, die du getroffen hast die letzten Jahre. Und auch ... was du mit ihnen gemacht hast.«

Er stöhnt auf, und dann sieht sie die erste Welle kommen: Jack übergibt sich, rutscht vom Bett, greift sich ans Herz.

»Amy ... Krankenwagen ...«, keucht er.

»Sicher nicht, Jack. Du wirst hier sterben.«

Sie sagt es ganz ruhig, aber innerlich zerreißt es sie. Jack! All die Jahre, die Spaziergänge. Das Lachen, und wie er Matthew auf den Knien, wie er mit ihm gespielt hatte. Wie er Amy tröstete, wenn sie nachts schlecht träumte. Jack ...

Wieder übergibt er sich, es riecht nach gebratenen Eiern und Parmesan und einem Hauch von Knoblauch; der typische Duft von erwärmtem Colchicin. Wirkt langsamer als Arsen und kann deshalb selten aus dem Körper entfernt werden: Wenn es zwei Stunden nach der Einnahme beginnt zu wirken, hat es den Darm längst erreicht. Nicht mal eine Magenspülung kann Jack jetzt helfen. Nur ein Arzt, vielleicht, und das nur in der nächsten halben Stunde.

Es wird eine lange halbe Stunde in dem Haus in der Lafayette Av. Jack schreit, stöhnt, will sein iPhone. Amy nimmt es ihm weg. Er schwitzt und scheißt und wedelt ständig vor seinem Gesicht herum, als umschwirrten ihn unsichtbare Wespen. Als es Amy zu anstrengend wird, ihrem Mann zuzusehen, wie er krepiert, schaut sie aus dem Fenster. Sie hat dieses Haus ausgesucht, weil es einen uneinsehbaren Garten besitzt. Brombeerbüsche, wilde Erdbeeren, Rittersporn und Farne. Windende Quitten. Efeu. In einer Ecke mit Halbschatten hat sie eine Mulde ausgehoben.

Als sie sich umdreht, sieht sie, wie Jack sich aus dem Bett gehievt hat und auf die Treppe zukriecht. Sie tritt ihm auf die Hände.

»Warum ... Amy? Warum?«

»Wegen der Mädchen«, sagt sie sanft. »Ich kann es doch nicht zulassen, dass immer mehr sterben, Jack.«

»Ich habe sie nicht umgebracht! Das musst du mir glauben!«

»Ja, Jack. Ich glaube dir. Ich weiß, dass du es nicht warst.« Amy gluckst auf. »Ich war's ja.«

In seinen Augen: erst Unverständnis, dann Begreifen, schließlich Angst, unfassbare, weiße Angst.

»Oh, Jack! Mein Herz, mein Liebster, mein rastloser Herbstzeitloser *Indian Summer Man* ... das muss aufhören, weißt du. Es ist für alle das Beste, wenn du stirbst. Nicht mehr die Mädchen. Die armen, kleinen Dinger. Du rettest ihr Leben, glaub mir.«

Amy setzt sich neben ihn auf den Treppenabsatz, während ihm Schaum aus dem Mund läuft. Sie legt seine kalte, zuckende Hand in ihre behandschuhten Finger.

Jack Bishop wimmert. Sie streichelt seine Wange, seinen Nacken, er wird nicht allein gehen müssen, in das weite, schwarze Land.

Amy summt ein Lied. Irgendwann beben Jacks Hände und Füße, er bricht Blut, Knoblauchgeruch erfüllt die Luft.

Dann ist es vorbei.

Die Morde hören auf. Nach einer Weile sucht niemand mehr besonders eifrig nach dem Hurenkiller. Amy meldet Jack Bishop als vermisst. Er wird nie gefunden. Ein paar Jahre später hat Matthew es verwunden.

Amy sattelt von Zucchini auf Calla um. Sie geht nie zu dem wilden Garten in der Lafayette Avenue. Dabei blüht er satt, bunt und schön. Es stimmt: Organischer Dünger ist der Beste.

Elmar Tannert

Unter dem Apfelbaum

Heute ist der 13. Dezember. Seit Ende November fällt Schnee. Berghäuser ist eingeschneit. Weite Teile der Oberpfalz sind von der Außenwelt abgeschnitten, würde der Satz normalerweise in den Nachrichten lauten. Aber es werden keine Schneepflüge kommen, um die Straße zu uns nach Berghäuser freizuräumen. Sie würde kurze Zeit später ohnehin wieder im Schnee versinken, und Kraftstoff ist knapp geworden. Alles ist knapp geworden.

Vor einer Woche hat zum letzten Mal ein Bundeswehrhubschrauber Versorgungspakete bei uns abgeworfen. Vermutlich überall dort, wo ein Infrarotsuchgerät Leben registrierte. Seitdem ist keiner mehr hier gewesen. Für uns allein lohnt es nicht. Alle haben das Dorf verlassen, als die heftigen Schneefälle begannen, aus Angst, in ihren Häusern zu verhungern.

Für unsere Freunde war das Anwesen in Berghäuser, das wir von Ruths Erbschaft gekauft hatten, ein Wochenendhaus mit Garten. Manche machten auch den Scherz vom Altersruhesitz und meinten, den würden sie sich lieber auf Gran Canaria oder Teneriffa einrichten als hier. Sie sprachen in den Sommern auf unserer Veranda von den harten oberpfälzischen Wintern und wussten nicht, dass wir unser Refugium nach anderen Gesichtspunkten ausgewählt hatten, wussten nicht, dass sich nur zwei Meter unter ihnen das Lebensmittellager befand, das wir nach und nach aufbauten. Ein Gesichtspunkt war die Nähe zu Nürnberg gewesen. In maximal eineinhalb Autostunden wollten wir in Sicherheit sein. Die Nähe zu einer Grenze war der andere Grund. Damit blieb keine andere Wahl als die östliche Oberpfalz.

Es ist halb acht. Sarah sollte schlafen gehen. Es ist wichtig, einen Lebensrhythmus beizubehalten. Sie spielt auf ihrer Flöte, untermalt vom Wind, der ums Haus streicht und Schneeberge auftürmt. Morgen werde ich das Dach abräumen müssen. Ruth liest. Wir spielen normales Leben. Keiner von uns beiden schickt Sarah zu Bett. Später, wenn sie schläft, wird Ruth in den eisigen Wind lauschen und mich fragen: »Meinst du, Florian wird es schaffen?« Natürlich werde ich antworten, Florian wird es schaffen, er ist klug, er ist umsichtig, er weiß sich zu helfen, er wird sich durchschlagen können. Wie immer.

Vergangene Nacht ist Sarah wieder aus dem Albtraum erwacht, der sie seit Tagen verfolgt. Ein Toter ohne Gesicht hat sich über sie gebeugt.

Als ich so alt war wie Sarah, bin ich in den Ferien oft bei meiner Großmutter gewesen. Sie war bei den Zeugen Jehovas und hat jeden Tag den Weltuntergang erwartet. Bei ihr hieß er Harmageddon, und sie freute sich darauf. Dann werden die Bösen vernichtet, und die Guten kommen ins ewig währende irdische Paradies. Sie lebte in Oberbayern in einem Haus mit einem riesigen Garten, und als Kind fand ich, sie lebte bereits im Paradies. Für sie war das Paradies in ihrem Dorf im Friesetal gewesen, im mährischen Altvatergebirge, und sie war überzeugt, dass Jehova selbst sie wieder dorthin zurückbrächte und die bösen Tschechen bestrafen würde.

Wenn das Wetter schlecht war, saß ich an ihrem Küchentisch und malte die Illustrationen im *Wachtturm* und in *Erwachet!* aus, während sie Mohnkuchen buk oder Buchteln im Ofen bereitete. Ich kolorierte einstürzende Wolkenkratzerstädte, die von Kratern verschlungen und aus dem Himmel mit Blitzen bombardiert wurden, Menschen, Häuser und Autos, die von Wirbelstürmen hinweggefegt wurden, und war sicher, dass ich Harmageddon überleben würde. Meine Eltern und ich waren nicht bei den Zeugen Jehovas. Aber wenn meine Großmutter zu den Guten gehörte, dann mussten auch wir dazugehören. Wenn ich jetzt aus dem Fenster sehe, in die Schneeflocken, die durch den Nebel treiben, blicke ich in einen Untergang, der schleichend ist und still. Es ist immer alles anders, als man es sich vorstellt.

Jenseits der Grenze heißt Nebel »mlha«. Manchmal habe ich Mirko nach tschechischen Wörtern gefragt. Einige habe ich mir gemerkt. »Jablko«, der Apfel. »Hruška«, die Birne. Aber nur »mlha«, geheimnisvoll und milchigweiß, fand ich schöner als sein deutsches Gegenstück. Mirko Ondrácek lebte in Poběžovice, zwanzig Kilometer von hier entfernt. Wir hatten ihn über ein Inserat im *Domažlický deník* gefunden. »Hledáme zahradník«, Gärtner gesucht. Schließlich konnten wir uns nur in den Ferien und an den Wochenenden um den Garten kümmern. Er war uns auf Anhieb sympathisch. Er und seine Jana. Wir wurden näher miteinander bekannt und verbrachten gemeinsame Abende, zu denen Jana die Nachspeisen mitbrachte, Kolatschen oder Zwetschgenknödel. Sie pflegten unseren Garten nicht nur, sie verschönerten ihn auch. Beide verstanden etwas von Rosenzucht. Nie wäre uns in den Sinn gekommen, dass sie eines Tages als Plünderer vor unserer Haustür stehen würden, bereit, sich gewaltsam Einlass zu verschaffen. Sie sind nicht lang vor unserer Tür gestanden. Mirko hatte eben nicht alles gewusst. Die Grube unter der Falltür hat er erst kennengelernt, als er und Jana drei Meter tiefer lagen und schrien vor Schmerzen. Ich habe sie nicht lange leiden lassen. Wer keinen Waffenschein hat, organisiert sich zumindest ein Bolzenschussgerät. Mirko und Jana waren nicht die ersten, die zum Plündern kamen, und werden auch nicht die letzten gewesen sein. Tatsächlich haben wir die Situation in Tschechien nicht richtig eingeschätzt. Wir hatten Angst vor dem Krieg in den Großstädten. Wir hatten nicht bedacht, dass Tschechien ein Land ist, das sich nicht selbst ernähren kann und abhängig ist von Lebensmittelimporten aus Polen und Deutschland.

Spätestens, als wir nach und nach unsere Vorräte anlegten, wurde uns klar, dass zu den Vorbereitungen auch harte Beschlüsse gehören. Den schlimmsten Fall angenommen, also ein Hereinbrechen der Versorgungskrise zu Herbstbeginn, hieß das, dass wir von Vorräten für ein halbes Jahr ausgehen mussten. Das bedeutet für vier Personen eine Menge von rund einer Tonne fester Nahrung und etwa tausendzweihundert Litern Wasser. Nimmt man im Ernstfall jemanden auf, der an die Tür klopft, oder nicht? Beteiligt man Menschen, die es nicht für nötig hielten, selbst Opfer zu bringen, an den mühsam angelegten Vorräten? Ruth und ich mussten uns zur Entscheidung durchringen, nicht einmal engsten Freunden Asyl zu gewähren, falls einer von ihnen auf die Idee käme, bei uns in Berghäuser Zuflucht zu suchen. Wir waren uns darüber einig, dass wir auf vieles verzichtet haben in den vergangenen Jahren. Wir haben uns eingeschränkt, wir haben auf größere Urlaubsreisen verzichtet und dafür vorausschauend in unsere Zukunft investiert, wir haben uns mit Dingen befasst, die uns viel abverlangt haben. Wir sind als lebensfremde Großstadtmenschen aufgewachsen, als Büchermenschen, und mussten viel Zeit opfern, um die elementarsten Dinge zu lernen, vom Gartenbau bis zur Selbstverteidigung.

Im Keller lagern über eine Tonne Lebensmittel. Der Halbjahresbedarf von vier Menschen. Florian studierte in Leipzig, aber wir waren sicher, dass er es schaffen würde, im Ernstfall rechtzeitig bei uns Zuflucht zu suchen. Allein fünf Zentner entfallen auf Getreide, hauptsächlich Weizen, Roggen und Reis. Die Regale sind voll mit Konserven. Thunfisch, Hering, Ölsardinen. Corned Beef, Leberwurst, Bockwürstchen, Salami. Gulasch, Ravioli. Nudeln, Reis, Knäckebrot. Ananas, Aprikosen und Mandarinen in Dosen. Kekse, Schokolade, Salzstangen. Tee, Kaffee, Kakao. Wasser. Als Tauschwaren tschechische Zigaretten und tschechische Obstbrände aus den grenznahen Supermärkten in Lisková und Železná. Und natürlich unsere eigene Ernte. Gurken,

Bohnen, Erbsen, Karotten, Sellerie, Kohl, Kürbisse. In Essig, in Salz, in Öl; in Einmiettöpfen und milchsauer vergoren. Unsere eigenen Himbeeren, Brombeeren, Stachelbeeren, Birnen. Und Äpfel. Was soll nächstes Jahr mit den Äpfeln geschehen?

In unserem Wohnzimmer brennen nur Kerzen. Die Nacht ist hell. Die Welt ist in ein Leichentuch gehüllt. Ruth starrt in ihr aufgeschlagenes Buch. Sarah übt Flöte. Sie kann nicht wissen, wie schwer es mir fällt, ihr Flötenspiel zu ertragen.

Später, wenn ich allein im Wohnzimmer bin, will ich den Weltempfänger einschalten und Nachrichten hören. Ruth ist nie dabei. Die Nachrichten könnten ihre Hoffnung darauf, Florian wiederzusehen, zunichte machen. *Hör sie dir allein an und sag mir nichts.* Bei mir ist es anders. Meine Hoffnung ist längst dahin. Ich will wissen, was draußen geschieht. In den Siebzigerjahren hat man auf einer philippinischen Insel einen japanischen Soldaten entdeckt, der sich im Glauben, der Zweite Weltkrieg dauere noch immer, als Guerillakämpfer im Dschungel versteckt hielt. Noch über dreißig Menschen soll er in den Jahren nach Kriegsende getötet haben.

Morgen werde ich wieder einen Rundgang durch Berghäuser machen.

Sarah hält sich an ihrer Flöte fest. Sie hat Angst vor dem Schlaf. Dreimal hat sie schon von dem Mann ohne Gesicht geträumt. Sie wird wieder über ihrem Flötenspiel einschlafen, und ich werde sie ins Bett tragen. Irgendwann wird der Traum sie wieder heimsuchen, das weiß ich.

Als Kind ist mir oft eine Frau im Traum erschienen. Ich versuchte jeden Abend, dem Schlaf zu widerstehen, indem ich mich wie ein Irrer im Bett hin und her warf. Ich hatte Angst vor ihr, die mich im Schlaf heimsuchte. Sie kam in vielen

Nächten und nahm mich aus dem Bett. Ich schwebte an ihrer Seite durch die Wohnung und hörte unsichtbare Wesen flüstern. Ich sah meine schlafenden Eltern im fahlen Licht der Straßenbeleuchtung, das durch die Fenster fiel. Ich sah, an der Zimmerdecke schwebend, mich selbst in meinem eigenen Bett liegen. Der Raum summte, und die Unsichtbaren verwandelten sich in dunklen Schaum, der nach mir griff. Wenn ich aus diesen Zuständen zu mir kam, war mein Körper wie erstarrt. Ich wusste, dass sie tagsüber im fensterlosen Badezimmer hauste. Die Tür zum Badezimmer durfte niemals offenstehen, ich durfte niemals zu langsam an ihr vorbeigehen. Einmal erschien sie mir, als ich aus ängstlichem Schlaf auf dem Wohnzimmersofa erwachte. Ich war allein in der Wohnung, und sie entstand vor meinen Augen aus dem Nichts, eine menschliche Gestalt aus leuchtenden Punkten, indigo, smaragd, orange. Unsere Wohnung hat mir Albträume gemacht, habe ich viele Jahre später zu meiner Mutter gesagt, ich habe als Kind jeden Tag in Angst vor der Nacht gelebt. Da erzählte sie mir zum ersten Mal, dass die Vormieterin Selbstmord begangen habe. *Sie hat sich im Badezimmer mit dem Gasofen in die Luft gesprengt. Als wir einzogen, mussten wir die Löcher in den Wänden ausbessern.*

Manche Toten können sich nicht vom Leben lösen.

Wir klammern uns an ein Leben, das nur ein Überleben ist und haben uns auf etwas vorbereitet, was wir nie erleben wollten. Der Mensch begreift nur das, was er an Leib und Seele selbst erlebt. Von Kindheit an haben wir mit alten Menschen zu tun, die gebrechlich, halb erblindet oder taub sind. Aber wie lange dauert es, bis uns zum ersten Mal in den Sinn kommt, dass auch wir einmal so enden werden. Und selbst wenn wir versuchen, es uns auszumalen, werden wir doch niemals wissen, wie es sich anfühlt, wenn ein Bein, ein Arm, wenn Auge, Ohr, der ganze Kopf, die inneren Organe nicht mehr so funktionieren, wie wir es gewohnt sind. Wir überleben in unserem Refugium und halten an unserem verkrüppelten Leben fest, so wie die Alten sich noch an einem Leben festhalten, das ihnen niemals mehr vergangene Freuden zurückbringen wird.

Wie tief ist der Abgrund, in den wir gestürzt sind? Wie konnte ein einziges Land ganz Europa zum Kollabieren bringen? Ich habe die Zusammenhänge noch immer nicht durchschaut. Ich habe das gesamte Finanzsystem nicht verstanden. Wie kann es funktionieren, dass Staaten sich von Banken Geld leihen und mit dem geliehenen Geld wiederum Banken unterstützen, um sich von ihnen von Neuem Geld leihen zu können?

Die Botschaft der Bilder habe ich verstanden. Es ist noch nicht lang her, dass ich Bölls *Anekdote zur Senkung der Arbeitsmoral* in einer neunten Klasse durchgenommen habe. Die Geschichte von dem Fischer und dem Touristen, jeder kennt sie. Sie war schon etwas angestaubt, als ich selbst Schüler war. Heute ist sie nur noch komisch. Noch in meiner Schulzeit galt der Fischer als das Ideal des Menschen, der arbeitet, um zu leben, und dem Reisenden aus dem Industrieland vor Augen führt, mit wie wenig Arbeit man eigentlich auskommen kann. Heute sitzen alle Europäer am selben Fließband und beäugen einander misstrauisch, ob auch jeder genauso viel arbeitet wie der andere. Die Wirtschaft ist endgültig der alleinige Maßstab geworden, an dem man Menschen und Völker misst. Im Bild des brennenden, halb entvölkerten Athen zeigte sich der Untergang von Kultur, Philosophie und Demokratie, während das Bild des in sich zerstrittenen Landes Belgien, das im Kongo als grausame Kolonialmacht gewütet hatte, jedem, der es sehen wollte, deutlich vor Augen führte, was für eine Art von Regierung in Europa die Macht ausübte.

Als schließlich die Menschen die Banken stürmten, um sich ihr Geld zu holen, zeigte sich, dass die Regierungen, von Brüssel gesteuert, sich mindestens ebenso lang und sorgfältig auf die Krise vorbereitet hatten wie wir selbst. Die einschlägigen Begriffe waren jedem bekannt, der ein wenig Recherchen angestellt hatte. Einer von ihnen war »Riot Control Weapons«. Zur Wahrung der inneren Sicherheit, zur zivilen Konfliktregulierung und natürlich zur Verteidigung der Demokratie. Die Militärstrategen bedienten sich perfiderweise bei den alten Griechen und nannten ihre Einsatzfahrzeuge »Trojaner«. Fahrzeuge, die wie Ambulanzwagen aussehen, aber tatsächlich Kampfgeräte sind, vollgepackt mit hochenergetischer Mikrowellentechnik und ABC-Kampfstoffen zur Erzeugung vorübergehender Lähmung oder Blindheit, zum Hervorrufen von Erbrechen oder »spontaner Defäkation«, was nichts anderes heißt, als dass Hunderte, Tausende von Menschen auf der Straße gleichzeitig heftigen Durchfall bekommen. Man hatte sogar mithilfe der globalen Gendatenbank des Human Genome Projects so genaue Erkenntnisse von Genstrukturen gewonnen, dass es möglich gewesen wäre, nur eine ganz bestimmte ethnische Gruppe kampfunfähig zu machen. Araber etwa. Aber diese Feinheiten waren unnötig. Es gibt kein Armuts-Gen, erhoben haben sich sämtliche Ausgeplünderten, und es mündete in einen Kampf aller gegen alle, zu dem die Ausschreitungen in Lettland, Island und Großbritannien nur einen Vorgeschmack geliefert hatten. Der Zorn, der sich auf den Straßen entlud, hatte sich jahrelang angestaut. Mein Kollege Winkler, Fachbereichsleiter Geschichte, hat nicht nur einmal gesagt, wir könnten glücklich sein, wenn wir nur den Zehnten abgeben müssten.

Wenn einem noch nach Ironie zumute gewesen wäre, hätte man sagen können, dass die Kriminellen, die uns regierten, in der Wahl ihrer Kampfmittel sogar einen gewissen Humor bewiesen. Mittels ihrer chemischen Waffen ließen sie die Menschen auf der Straße genau das ausdrücken, worum es ging: Wir scheißen auf den Staat, wir finden die Zustände zum Kotzen. Aber angesichts der Filmaufnahmen, die sich über das Netz verbreiteten, packte einen das blanke Entsetzen. Man sah Menschen, die schreiend vor Panik und Schmerzen blind durch die Straßen irrten, gegeneinander liefen, sich an Hauswänden entlangtasteten, sich wimmernd und entkräftet in Hauseingänge kauerten. Man hörte von zahllosen alten Menschen, die ihre Wohnungen aus Angst vor dem, was sich draußen abspielte, nicht mehr verließen und elend verhungerten.

Was mag Florian in Leipzig mitgemacht haben? Ruth spricht jeden Abend vom Schlimmsten, sobald Sarah schlafen gegangen ist. Es ist spät geworden. Sarah spielt immer noch. Seit Tagen geht mir dieses Märchen von der Flöte nicht mehr aus dem Kopf. Als ich ein Kind war, hatte ich ein Buch mit russischen Märchen, und eines von ihnen habe ich niemals vergessen. Es handelt von einem Vater mit drei Söhnen, dem ein Eber Nacht für Nacht einen goldenen Apfel stiehlt und dabei den Garten zerwühlt. Schließlich legen sich die drei Söhne reihum auf die Lauer, und der jüngste von ihnen erlegt den Eber in der dritten Nacht. Seine Brüder erschlagen ihn, vergraben ihn unter einem Schneeballstrauch und geben den erlegten Eber als ihren eigenen Erfolg aus. Einige Zeit später kommt ein Gutsherr des Wegs, bricht einen Ast vom Strauch und schnitzt sich daraus eine Flöte, die von selbst ein Lied spielt, als er sie an die Lippen führt: *Spiel, Gutsherr, spiel auf mir, brich aber nicht das Herze mir! Der Bruder hat mich erschlagen, der Bruder hat mich vergraben, um des Ebers willen, der im Garten hat gegraben.* Der Gutsherr reicht die Flöte weiter an den Bauern, der Bauer reicht sie an seine Söhne und zwingt sie, darauf zu spielen: *Spiel, Bruder, spiel auf mir, brich aber nicht das Herze mir! Du hast mich erschlagen, du hast mich vergraben, um des Ebers willen, der im Garten hat gegraben.*

Ich werde in den nächsten Tagen den Apfelbaum fällen.

Wir haben den Krieg auf den Straßen nicht miterlebt. Wir sind nicht inmitten der brandbomben- und pflastersteinwerfenden

Meute vor den Banken gestanden. Wir hatten unser Barvermögen schon längst sukzessive in Silbermünzen und Gold verwandelt, in Lebensmittelvorräte und Grundbesitz. Noch bevor sich Massen von Menschen in den Städten um die letzten Lebensmittel aus den Supermärkten schlugen, noch bevor sie versuchten, Banken und Parlamente zu stürmen und mit Waffen bekämpft wurden, von deren Existenz die wenigsten gewusst hatten, waren wir an einem klaren, kalten Herbsttag zu unserem Refugium nach Berghäuser aufgebrochen, im Rücken die flammendrot untergehende Sonne wie eine Ankündigung des zweiten Untergangs der Stadt, die wir verließen. Die Gesetzmäßigkeiten kannten wir, und damit die Vorboten der Krise. Rapide steigende Inflation, steigende Arbeitslosigkeit, hungernde Menschen. Allmählicher Mangel an Verbrauchsgütern, Rationierung von Kraftstoffen und Lebensmitteln. Schließlich Hyperinflation und wirtschaftlicher Zusammenbruch. Unruhen, Aufstände, Kriegsrecht. Ähnlich hat sich die Weltwirtschaftskrise 1929 abgespielt. Dennoch gab es genug Optimisten, die für die Wirklichkeit blind waren und an Soft-Landing-Szenarios glaubten. Die geglaubt hatten, es würden sich in kommenden Notzeiten Netzwerke bilden. Menschen würden sich in kleinen, überschaubaren Gemeinschaften zusammentun, in die jeder seine speziellen Fähigkeiten einbringt. Vielleicht wäre dies sogar möglich gewesen, nur hätte man es vorbereiten müssen. Wenn der schlimmste Fall erst einmal eingetreten ist, tun die meisten Menschen nur noch das unmittelbar Nächstliegende, um ihre eigene Haut zu retten. Von Hunger und Durst getriebene Wölfe.

Aber all dies ist nicht der Anlass dafür, dass ich in unserem Haus am Schreibtisch sitze und abwechselnd in den Schnee und auf das Papier vor mir starre, das der Bleistift in meiner Hand mit Buchstaben, Wörtern, Sätzen füllt. Ich muss etwas aufschreiben, was nicht zu sagen ist. Nur ich weiß, was passiert ist. Es war am Tag, nachdem Mirko und Jana uns heimgesucht hatten. Zwei Wochen liegt der Tag zurück. Ich hatte in stundenlanger

Arbeit eine Grube ausgehoben, beim Apfelbaum hinter dem Schuppen. Damit man die Stelle vom Haus aus nicht sehen muss. Ich hatte eben beide Leichname dorthin geschleift und war dabei, sie mit Erde zu bedecken. Da tauchte er plötzlich aus dem Nebel auf und lief direkt auf mich zu. An den Spuren konnte ich später sehen, dass er am unteren Ende des Gartens über den Drahtzaun geklettert war und sich auf den Komposthaufen hatte fallen lassen. Er lief auf mich zu, ein vermummter Mann, die Kapuze tief ins Gesicht gezogen. Jana und Mirko, dachte ich. Natürlich haben sie einen Freund eingeweiht. Mindestens einen. *Wenn wir nicht zurückkommen, dann seht nach uns.* Ich lief dem Mann entgegen, trat ihm in die Magengrube, nahm ihn in den Schwitzkasten, zerrte ihn zur Wassertonne, stieß seinen Kopf unter Wasser und hielt ihn fest, bis sein Körper erschlaffte. Ich zog ihn heraus, ließ ihn zu Boden fallen, drehte ihn auf den Rücken, riss ihm das Tuch vom Gesicht. Im nächsten Augenblick kniete ich über ihm, drückte gegen seinen Brustkorb, drückte in dem wahnsinnigen Versuch, das Wasser aus ihm zu saugen und ihn zugleich mit meinem Atem wieder zum Leben zu erwecken, meine Lippen gegen die seinen. Ich weiß nicht wie lang. Florian blieb tot. Ich zog ihn an den Rand der Grube, in der Mirko und Jana lagen. Vom Haus hörte ich ein Geräusch. Ich lief zum Schuppen, holte die Spitzhacke und schlug heulend wie ein Wolf auf sein Gesicht ein, bis es kein Gesicht mehr war, zog ihn zur Grube, die ich für Mirko und Jana ausgehoben hatte, legte ihn hinein und warf die ausgehobene Erde auf die Toten. Dann lief ich ins Haus, suchte Ruth und Sarah, fand sie am letzten Rückzugsort, im Keller, hinter der geheimen Tür. Sie fielen mir in die Arme. Als sie die Schreie hörten, hätten sie das Schlimmste befürchtet.

Ruth sagt mir gute Nacht. Wir werden ihn nie mehr wiedersehen, sagt sie. Da draußen ist die Hölle.

Nein, sage ich. Mach dir um Florian keine Sorgen. Er wird es schaffen.

Tatjana Kruse

Der Mimosenstreichler

Er kommt an einem Dienstagmorgen, traditionell der ruhigste Vormittag der Woche.

»Kann ich Ihnen weiterhelfen? Suchen Sie etwas Bestimmtes?«, frage ich und trockne mir die Hände an meiner Schürze ab. Meiner fleckigen, karierten, löchrigen Uralt-Ladenschürze. Ich hätte heute Morgen eine frische umbinden sollen.

»Nein, ich suche eigentlich nichts ... Ich bin beruflich in der Stadt und wohne im Hotel gegenüber. Der Name Ihres Ladens ist mir aufgefallen, und da dachte ich, schau doch mal vorbei.« Etwas unschlüssig bleibt er am Eingang stehen.

Graumelierte Haare, ein sehr markantes Profil, Cordsamtjacke mit Ellbogenschützern. Ungefähr mein Alter. Kein Ehering.

»Das freut mich«, sage ich und meine es auch so.

»Vielleicht habe ich doch eine Frage ...«

Wenn er lächelt, sieht man seine Grübchen.

»Fragen Sie ruhig«, sage ich und streiche mir eine rotblonde Ponyfranse aus der Stirn. Jetzt sieht man natürlich meine Sommersprossen, aber mit denen habe ich mich seit meinem 40. Geburtstag abgefunden.

Er lächelt immer noch. »Verschicken Sie auch Blumen?«

»Sicher. Sehr gern.« Ich ziehe den Vordruckblock aus der Schublade unter der Kasse.

Meine Azubine hat heute Berufsschule. Und dienstagvormittags verirrt sich so gut wie niemand in den Blumenladen, höchstens der Postbote, und der war schon da. Wir sind also allein im Laden.

Er steht immer noch in der Tür.

»An was dachten Sie denn? Einen Strauß? Eine Topf-pflanze?« Ich zeige mit der Rechten einmal quer durch mein Ladengeschäft.

Es ist klein, aber fein. Mit der Dekoration gebe ich mir immer besonders viel Mühe. Vielleicht einen Tick zu viel, zu kitschig, zu feminin, aber die meisten Kundinnen mögen das, und Männer sind bei mir ohnehin eher die Ausnahme. Män-ner, die heute noch Blumen verschicken, klicken normaler-weise *Fleurop online* an.

»Ehrlich gesagt, ich habe keine Ahnung, was ich verschen-ken möchte. Es war so ein spontaner Einfall.«

Ich versuche, ihn lockerer zu machen. »Treten Sie doch näher. Kann ich Ihnen eine Tasse Kaffee anbieten? Gemein-sam finden wir dann bestimmt das Richtige.«

»Kaffee wäre schön.« Er macht ein paar Schritte ins Laden-innere.

»Mit Milch und Zucker?« Ich gieße den Gästekeramikbe-cher voll.

»Ja und ja. Von beidem reichlich.« Die Grübchen zucken.

Seine Augen sind blau.

Ich muss lächeln. Wenn ich lächele, kräuselt sich mein Nasenrücken. Die meisten Männer finden das süß.

Ich reiche ihm den Becher. »Für wen soll es denn sein? Ihre Frau, Ihre Freundin, Ihre Mutter?«

»Äh ...« Es war offenbar wirklich ein extrem spontaner Ent-schluss, wenn er nicht einmal weiß, wen er beglücken will.

»Offen gesagt, meine Frau hat mich vor zwei Jahren ver-lassen. Ich kann sie verstehen. Unregelmäßige Arbeitszeiten, ständig unterwegs, sie hat mich kaum noch gesehen.«

»Das tut mir leid.« Und weiter? Ob er noch eine Mutter hat, ist mir im Grunde egal, aber was ist mit einer Freundin?

Er geht mit dem dampfenden Becher zu den Topfpflanzen. »Was ist das? Gefällt mir ...«

Er steht vor einer Mimosa pudica.

»Das ist eine Mimose«, sage ich folglich.

»Klappen die nicht zusammen, wenn man sie anfasst?« Mit seinen langen Pianistenfingern streichelt er vorsichtig eines der länglichen Fiederblätter, das daraufhin zusammenklappt.

Die Grübchen werden tiefer. Er sieht zu mir herüber und strahlt. »Könnte man sich als Haustier halten. Reagiert auf Berührung.«

Ich lächele.

Er streichelt noch ein Blatt. Und noch eins. Das setzt die Pflanze unnötig unter Stress. Ich muss ihn ablenken.

»Wenn Sie eine Topfpflanze verschicken möchten, dann vielleicht ein pflegeleichtes, gängiges Modell – ein Benjamini, eine Amaryllis, eine Azalee. In einem schönen Übertopf. Das kommt immer sehr gut. Ich habe eine Auswahl auf Lager. Soll ich Ihnen ein paar zeigen?«

Ich möchte ihm auch noch ganz andere Dinge zeigen, zum Beispiel wie ich aussehe, wenn ich meine Hochsteckfrisur löse und mir die rotblonden Locken bis über die Schultern fallen; wie ich aussehe, wenn ich keine zerschlissene, schmutzstarrende Schürze trage. Aber das ist alles Tagträumerei. Er will hier nur Blumen kaufen, und ich muss Geld verdienen.

Vor gut zehn Jahren habe ich mein Blumengeschäft eröffnet, seinerzeit noch unter dem Namen Blumen Gessler.

Gessler war der Name meines damaligen Ehemannes.

Anfangs lief der Laden nicht besonders. Ach was, er lief miserabel. Es gab bereits eine gut eingeführte Blumenhandlung im Ort, Blumen Wolters, die auch etwas günstiger in der Haupteinkaufsstraße lag, nicht wie ich direkt neben dem Bahnhof.

Das kleine Hotel gegenüber bestellte das eine oder andere Gesteck bei mir, aber davon allein konnte ich natürlich nicht leben.

Inmitten von Gerbera, Bartnelken und Rosen – die damals mein Hauptangebot ausmachten – jammerte ich meiner besten Freundin die Ohren voll. »Wieso kommt denn keiner?

Meine Sträuße sind so viel schöner gebunden als die von Blumen Wolters. Und meine Blumen halten auch länger. Ich verstehe das nicht!«

»Du musst dir eine Nische suchen«, riet Gitte. »Dich irgendwie spezialisieren.«

»Auf was denn?«

»Keine Ahnung.« Gitte zog die schmalen Schultern nach oben, bis sie fast ihre Kreolen berührten. »Brautsträuße. Geburtstagsgebinde. Jubiläumsgestecke. Wofür man eben Blumen so braucht.«

Ich schnaubte.

Als ich mit den Rückzahlungen an die Bank in Verzug geriet, meinte der zuständige Bankmitarbeiter, ein Bayer: »Wissen's, es gibt Ladengeschäfte, die sind wie verflucht. Es muss an der Lage liegen. Vor Ihnen waren ja eine Buchhandlung, eine Damenoberbekleidungsboutique und ein Optiker in den Räumen. Haben alle bankrott gemacht.« Und auch er sagte abschließend noch: »Sie sollten sich spezialisieren. Konzentrieren Sie sich doch auf Kränze. Sargschmuck. Trauergebinde. Sterben tun die Leute immer.«

Der Grübchenmann im Cordsamt streichelt schon wieder ein Mimosenblatt, das sich ebenfalls einrollt.

Die ganze linke Seite der Mimose hat sich mittlerweile zusammengezogen, sie sieht aus, als hätte sie eine Gesichtslähmung.

»Die wird doch wieder, oder?« Ein Hauch Sorge macht sich auf seinem Gesicht breit. Irgendwie süß. Besser wäre es jedoch, er würde das Streicheln unterlassen.

»In einer halben Stunde sollten sich die Blätter wieder aufgerichtet haben«, versichere ich ihm. »Wie wäre es mit einem Gummibaum, der ist mittlerweile wieder Kult«, schlage ich vor.

»Gummibaum? Das ist der da drüben, nicht wahr?« Er zeigt auf einen Farn. Ich muss lächeln.

Er deutet mein Lächeln korrekt. »Sorry, aber ich kenne mich echt nicht aus.« Er geht einen Tisch weiter.

Ich habe all meine Pflanzen auf Tischen drapiert. Bodenhaltung finde ich unsäglich. Und wenn etwas von der Decke baumelt, stoße ich nur mit dem Kopf daran.

»Das da kenne ich, hatte meine Mutter auch. Rhabarber?«

Mein Lächeln fällt andeutungsweise aus. »Ein Philodendron«, sage ich, liege damit aber etwas daneben. Merkt er nicht, er hat ja keine Ahnung.

»Aha. Ist die Lieblingspflanze meiner Mutter, seit mein Vater starb.«

Er geht weiter.

»Und das da?« Er will seine Adlernase tief ins Blattwerk versenken.

Ich berühre ihn am Unterarm. »Lassen Sie das lieber, das ist eine Brennnessel.«

»Oh.« Er zuckt zurück. »Danke für die Warnung.«

»Gern geschehen.« Das fehlt mir noch, dass er sich bei mir eine wunde Nase holt.

Denn natürlich weiß ich, wer er ist.

Als er hereinkam, habe ich es nicht gleich bemerkt, manche Leute sehen ihren Fotos nicht wirklich ähnlich. Aber je länger ich ihn durch den Laden führe, desto sicherer bin ich mir.

Es hilft nichts, ich muss ihn ansprechen. Sonst platze ich.

»Sie sind doch der Kommissar, der im Mordfall Hörmann ermittelt, nicht wahr? Ihr Foto war in der Tageszeitung.«

Ich weise mit dem Kopf auf die heutige Ausgabe, die noch neben der Kasse liegt.

»Ja, genau. Ambacher, Björn Ambacher. Für die Dauer der Ermittlungen bin ich quasi Ihr Nachbar und wohne drüben im Hotel.«

Ein spektakulärer Fall. Nicht nur für unsere Kleinstadt. Der Tote, Fritz Hörmann, war Fabrikant, stellte Gummiringe oder Schrauben oder was auch immer her. Der reichste Mann der

Stadt. Auch als Mäzen sehr bekannt. Seine Ermordung kam sogar landesweit im Radio.

»Gibt es schon erste Erkenntnisse?«

»Tja, wenn ein verheirateter Mann vergiftet wird, fällt der Verdacht natürlich immer zuerst auf die Ehefrau.«

»Frau Hörmann?« Ich bin ein wenig fassungslos. »Nein, beim besten Willen, das kann ich nicht glauben. So eine charmante, zurückhaltende, nette Frau.«

»Kennen Sie sie?«

»Äh ... nein, habe ich in der Zeitung gelesen.«

»Aha. Zu Ihrer Information: Die schlimmsten Serienmörder werden von ihren Nachbarn regelmäßig als »nett« bezeichnet. Seien Sie immer misstrauisch, wenn einer zu nett ist. Der braucht irgendwann ein Ventil für seine Wut.«

Er geht zum Tisch mit den Schnittblumen. »Es soll für meine Sekretärin sein«, sagt er und zeigt auf eine einzelne weiße Calla. »Diese Tulpe vielleicht?«

Beinahe hätte ich gelacht. »Das ist eine Calla. Tulpen habe ich derzeit nicht, nur Tulpenzwiebeln. Aber ob Sie Ihrer Sekretärin mit einer Zwiebel wirklich eine Freude machen, wage ich zu bezweifeln.«

Er grinst.

»Sie trinken ja gar nicht«, sage ich.

Er schaut mich an. »Möchten Sie mir beim Kaffee nicht Gesellschaft leisten?«

Ich erwidere seinen Blick. Lächelnd, auch wenn mir längst nicht mehr danach ist. Dann gehe ich zur Kaffeekanne, gieße den Rest in meine Tasse mit dem abgebrochenen Henkel, schalte die Wärmeplatte aus, setze meine Tasse an die Lippen und nehme mehrere Schlucke. »Ist leider nicht mehr ganz heiß«, entschuldige ich mich.

Jetzt nippt er auch. »Aber gut. Kenia?«

Ich nicke.

Er mustert mich. »Sie kennen Frau Hörmann also nicht persönlich?«

»Nein.« Ich zucke mit den Schultern. »Sie engagiert sich leidenschaftlich für diverse karitative Zwecke und ist oft in der Zeitung. Von ihr hört man wirklich immer nur Gutes. Sie müssen sich mit Ihrem Verdacht irren.«

»Dann sind Sie also nicht mit ihr befreundet und könnten ihr, sagen wir mal, Tipps bezüglich tödlicher Pflanzengifte gegeben haben?« Der lässt wirklich nicht locker. Wie ein Terrier, der sich in eine Wade verbissen hat.

»Nein!« Meine Sommersprossenstirn legt sich in strenge Falten.

Er geht weiter durch den Laden. »Das hier ist eine Dieffenbachie, oder?«, fragt er.

Ich nicke und gehe zu dem Tisch, auf dem Grußkarten, Teelichtbehälter mit floralen Mustern und Gartenbücher liegen. »Wir haben noch mehr im Angebot als nur Pflanzen. Ich bin in einem Floristenverbund. Alles, was Sie hier bei mir sehen, kann ich Ihrer Sekretärin durch einen Kollegen vor Ort zustellen lassen«, erläutere ich, doch er hört mir gar nicht zu.

»Dieffenbachien sind giftig, nicht wahr?«, fragt er plötzlich.

Hm.

Eben hat er noch eine Calla mit einer Tulpe verwechselt, aber jetzt weiß er plötzlich, was eine Dieffenbachie ist und dass Dieffenbachien giftig sind.

»Ja«, sage ich nur. »Hochgiftig.«

»Angeblich soll sogar ihr abgeseihtes Gießwasser giftig sein.«

»Mehr als Unwohlsein und eine Magenverstimmung werden Sie damit bei Ihrer Sekretärin aber nicht auslösen. Sie haben wohl Ärger im Büro? Legt sie Ihre Akten falsch ab?« Ich lächele. Entwaffnend, wie ich hoffe. »Möchten Sie einen Muffin?«

Ich nehme den Teller mit den selbstgebackenen Muffins, bediene mich und halte ihm dann die restlichen hin.

»Schokomuffins«, sage ich mit vollem Mund.

»Danke.« Er greift zu und beißt ab.

»Der toxikologische Befund bei Herrn Hörmann weist auf eine tödliche Vergiftung hin«, sagt der Kommissar, ebenfalls mit vollem Mund. »Er starb durch Gift.«

Nachtigall, ick hör dir trapsen.

»Es war sicher kein Dieffenbachiengießwasser«, erkläre ich. Und weil ich Mitleid mit der armen Frau Hörmann verspüre, spekuliere ich: »Womöglich war er depressiv und hat Selbstmord begangen? Mit Schlafmitteln oder so.«

Ich streiche mir die Muffinkrümel an der Schürze ab. Mittlerweile ist es mir egal, dass es meine alte, verratzte Ladenschürze ist.

»Nein, es war laut Gerichtsmedizin kein chemisches, sondern ein biologisches Gift.« Kommissar Ambacher dreht sich zu mir um und fragt: »Führen Sie Giftpflanzen?«

Ich lache laut auf. »Ich bitte Sie, natürlich führe ich Pflanzen, die giftig sind. Jede Pflanze ist in falscher Dosierung giftig. Im Übrigen bin ich keine Lebensmittelhandlung, meine Pflanzen sind nicht zum Verzehr gedacht. Das weiß aber jedes Kind. Zum Beispiel die Beeren vom Korallenbäumchen. Oder die Knollen vom Alpenveilchen, alles giftig. Die Frage ist nur, wie viele Alpenveilchenknollen müsste man essen, bis man tot ist? Zu viele! Das macht doch kein Mensch!«

Er schürzt die Lippen und trinkt den Kaffee aus.

»Sie wollen Ihrer Sekretärin in Wirklichkeit gar keine Blumen schicken, oder? Sie sind nur hier, um zu überprüfen, ob ich Herrn Hörmann vergiftet habe. Aber ich kannte den Mann gar nicht. Folglich habe ich auch kein Motiv. Und ich ziehe auch keinen Nutzen aus seinem Tod.«

Ich rede mich in Rage und puste mir die zurückgefallene Ponyfranse wieder aus dem Gesicht.

Der Kommissar muss breit lächeln. »Gemach, gemach, nur keine Aufregung. Das ist reine Routine.« Beherzt schiebt er sich den Rest des Muffins in den Mund, kaut, schluckt. »Im Übrigen werfe ich Ihnen gar nichts vor. Ich wollte nur fragen, ob Frau Hörmann bei Ihnen jemals etwas gekauft hat, das man – in ausreichender Dosis – als Gift verwenden könnte?«

»Nein, Frau Hörmann war noch nie bei mir, die kauft immer bei Blumen Wolters, wie ausnahmslos alle Honoratiorengattinen bei uns im Ort.« Man merkt mir an, wie gallig mich das macht.

Mir hat mal jemand gesagt, wenn ich schmolle, sehe ich aus wie Brigitte Bardot. Wie die nicht mehr ganz junge Brigitte Bardot, aber immerhin.

Der Kommissar lächelt. »Also gut, dann schicke ich meiner Frau Schulz eine Calla mit etwas Grün. Alles wieder gut?«

Er lächelt.

Ich lächele auch.

Wie eine Venusfliegenfalle eine Stubenfliege anlächeln würde.

Während ich das Formblatt ausfülle, streichelt er die restlichen Mimosenblätter, bis alle zusammengeklappt nach unten hängen.

Ein herzzerreißender Anblick.

Arme Mimose.

Als Kommissar Ambacher meinen Laden verlässt, schaue ich ihm nach.

Er macht sich in Richtung Blumen Wolters auf. Geschieht denen recht, wenn er die mal ein bisschen aufmischt.

Er geht gemessenen Schrittes, scheint etwas langsamer zu werden, je mehr er sich der Einkaufsstraße nähert. Eine sehr elegante Erscheinung, trotz Cordsamt. Bestimmt aus einem guten Stall. Hat zweifellos Ambitionen, eines Tages Polizeichef zu werden.

Den Traum kann er sich abschminken.

Ich habe damals meine Nische gerade noch rechtzeitig vor dem drohenden Bankrott gefunden. Und habe meinen Laden in Ruchlose Ranken umbenannt.

Den Rat meiner Freundin und des Kreditsachbearbeiters beherzigend habe ich mich spezialisiert. Auf ruchlose Ranken. Auf gemeine Gewächse. Kurzum: auf Giftpflanzen.

Mein erstes Versuchskaninchen war mein damaliger Mann, Holger Gessler. Anfangs experimentierte ich noch mit heimischen Pflanzen – Maiglöckchen (Herzrhythmusstörungen), Goldregen (Atemstillstand), Tollkirsche (Schüttelkrämpfe bis zur Herzlähmung). Bald jedoch importierte ich auch einschlägige Exoten.

Die Brennnessel beispielsweise, in die Ambacher seine Nase versenken wollte, ist keine Wald- und Wiesenbrennnessel aus teutonischem Auengrund, sondern eine für teuer Geld importierte australische Brennnessel (Dendrocnide moroides). Fast die gesamte Pflanze ist mit feinen Silikonhärchen überzogen, die ein Neurotoxin enthalten, das über anfänglichen Juckreiz zu unerträglichen Schmerzen bis hin zu einem allergischen Schock führt – und bei Vorgeschädigten gern auch zu einem Herzstillstand. Mein absoluter Verkaufsschlager.

Ich habe so gut wie keine Laufkundschaft, bei mir geht alles übers Internet.

Die Pflanzen werden mit Anleitung verschickt ... nein, keine Pflegeanleitungen. Den Tulpenzwiebeln lege ich beispielsweise Rezeptvorschläge bei, vor allem mit Hinweisen, welche Gewürze den doch leicht bitteren Geschmack überdecken, damit die Zielperson nichts merkt und genug isst, um auch wirklich den avisierten Schaden zu erleiden.

Die meisten meiner Kundinnen sind gar nicht auf Gift*mord* aus. Geschlagenen Frauen reicht es schon, wenn es ihren prügelnden Männern – beispielsweise aufgrund von blutigem Dauerdurchfall – zu schlecht geht, als dass sie noch einen Arm gegen sie erheben könnten.

Mein Beruf ist meine Berufung. Ja, ich lebe meinen Traum. Ich beherrsche die Kräfte der Natur. Ich bin die Herrin der Gifte. Es hat etwas Betörendes, ihre dunklen Geheimnisse zu lüften und nutzbar zu machen.

Und ich bin käuflich. Kontaktieren Sie mich auf meiner Webseite. Ihr Glück ist nur einen Klick entfernt.

Gern dürfen Sie natürlich auch zu einer persönlichen Beratung vorbeischauen. Mein Laden liegt verkehrsgünstig direkt neben dem Bahnhof, mit angeschlossenem Parkhaus.

Diskretion ist Ehrensache.

Ah, gleich biegt der Kommissar um die Ecke, dann ist er meinen Blicken entschwunden.

Wie misstrauisch er bei dem Kaffee war, erst als ich mittrank, trank er auch. Niedlich! Er hält sich für so klug, der Mimosenstreichler.

Nur nicht beim Schokomuffin. Fiel ihm natürlich nicht auf, dass auf dem Teller nur ein einziger glasierter Muffin lag, den ich mir flugs geschnappt habe. In seinem Muffin war mitnichten nur Schokolade, sondern auch etwas von dem pulverisierten »Rhabarber«. Von dem »Rhabarber«, den er schon bei seiner Mutter gesehen haben will. Bei dem es sich in Wirklichkeit um den – dem Rhabarber täuschend ähnlichen – gefleckten Schierling handelt.

Keine Sorge, es wird ein guter Tod, Herr Kommissar.

Erst werden die Gliedmaßen taub. Irgendwann hört das Herz auf zu schlagen, und die Atmung setzt aus.

Bei einem Mann seines Alters wird man unweigerlich auf Herzinfarkt schließen. Mitten in den stressigen Ermittlungen von uns gegangen, in den Sielen gestorben, gewissermaßen.

Meine Mimose und ich werden ihm jedenfalls nicht nachtrauern. Ich schaue zu ihr hinüber. Wie schön, die ersten Blätter rollen sich schon wieder auf.

Hm, nicht viele bestellen den Schierling. Er ist doch recht teuer und in der Verabreichung relativ aufwendig. Ich muss gleich einmal in meiner Kundinnenliste nachsehen, ob ich darin den Namen von Ambachers Mutter finde ...

Heidi Friedrich und Arnd Rühlmann

Der Feind in meinem Beet

»Ich bin ja etz waaß Gott ka Spießer – aber wos zu viel is, is zu viel!«

Mit einem verächtlichen Seufzer ließ Hartmut Wiesmüller sich auf den weißen Plastikstuhl fallen. Missvergnügt wanderte sein Blick durch den Maschendrahtzaun über das Grundstück der Nachbarn, während er sich mit dem Handrücken die Tropfen von der Stirn wischte.

Die Sonne brannte unerbittlich aus dem strahlend blauen Himmel. Es war heiß, viel zu heiß für Ende März. Aber die Arbeit musste getan werden, auch wenn bei diesen Temperaturen jeder Handgriff schwer fiel und einem der Schweiß aus allen Poren brach. Der Garten brauchte gerade jetzt die nötige Zuwendung. Die Gemüsebeete musste man umgraben und vorsichtig düngen, die Setzlinge hatte er schon in der Gärtnerei bestellt. Auch die Sommerblumen gehörten ausgesät. Die Kirschbäume benötigten ihren zweiten Erziehungsschnitt, ganz zu schweigen vom Fliederbusch. Und dann das Unkraut! Dieser ewige Kampf! Jedes Jahr aufs Neue reckten Löwenzahn, Knöterich und Franzosenkraut frech ihre Triebe aus dem Erdreich. Erste Späher versuchten, den Garten zu unterwandern, und wenn man dem Widersacher nicht von Anfang an Einhalt gebot, hatten die feindlichen Gewächse scheinbar über Nacht das Terrain erobert. »Wer ein Jahr das Unkraut lässt steh'n, muss sieben Jahre ernten geh'n«, lautete eine alte Gärtnerweisheit.

Doch Hartmut Wiesmüller war in seinem kleinen Eck vom Paradies seit mehr als dreißig Jahren unbesiegt! Wiesmüller hätte es sich gut gehen lassen können, wie so viele andere. Mal in den Urlaub fahren, auf der faulen Haut liegen, seine

Rente genießen. Aber er hatte sich eben anders entschieden. Er hatte sich hier am Rande der Schrebergartensiedlung auf 320 Quadratmetern eine Oase der Ruhe, des Friedens und der Ordnung eingerichtet. Dafür hatten er und seine Frau Erna beinahe jede freie Minute hier verbracht, gegraben, gerecht, gepflanzt, gejätet, gemäht. Und er war zutiefst stolz auf das Stück Landschaftskunst, das er hier geschaffen hatte, ganz im Rahmen der Vorschriften selbstverständlich: ein Drittel Rasen, ein Drittel Nutzgarten und ein Drittel Blumen und Sträucher. Stolz flatterte die rot-weiße Fahne im Wind.

Und nun das.

Wiesmüller kniff die Augen zusammen und reckte den Hals, um nochmals die Aufschrift auf den verdächtig bunten Samentütchen zu lesen. Das Miststück von Nachbarin hatte sie auf dem lackierten Holztisch vor ihrer Laube liegenlassen, nachdem sie den Inhalt mit vollen Händen über drei Viertel ihrer Parzelle verteilt hatte. Er schluckte. »Wildblumen mit Kräutern, mehrjährig«. Wiesmüller wurde schlecht.

»Es gibt kein Unkraut, es gibt nur Zeigekräuter!« Heidrun blickte in acht strahlende Augenpaare, während sie mit einer betont sanften Geste ihren Mondkalender auf einen der bereitgestellten Fledermauskästen legte. Ihr ungeschminkter Blick schweifte über diese kleine Perle von einem Garten. Ihr Paradies, das sie vor sechs Monaten zusammen mit ihrem Mann Wolfgang gepachtet hatte, und in dem sie wild entschlossen waren, ihren Traum zu verwirklichen. Der Enthusiasmus ihrer Kita-Gruppe musste von Heidrun ein wenig gebremst und in naturpädagogisch richtige Bahnen gelenkt werden.

Mit Eimerchen und Schäufelchen bewaffnet war die kleine Kinderkolonne voller Begeisterung und Tatendrang in ihren Schrebergarten gestürmt, fest gewillt, sofort mit der Gartenarbeit zu beginnen. Kein Pflänzchen, das sich in der warmen Märzsonne vorsichtig anschickte aus der Erde zu sprießen, war vor den Kinderhänden sicher. So ging das natürlich nicht!

»Lena, Alena, Annalena! Stopp! Das alles hier sind Wildblumen mit Kräutern, und auch der Giersch und die Brennnesseln sind in unserem Garten willkommen! Die Marienkäfer brauchen die Brennnesseln zum Eier ablegen. Der Giersch ist ein feines Gemüse und sagt uns allen viel über die Gartenerde! Und aus dem jungen Löwenzahn können wir einen leckeren Salat machen!«

Verwundert ließen die kleinen Gärtner ihre Schaufeln sinken.

»Mag aber keinen Unkrautsalat!«

»Des macht die Mama auch net!!!«

»Ich will Pommes!«, erhob sich ein mehrstimmiger Kinderprotestchor, und die ambitionierte Heidrun musste erkennen, dass bei diesen Stadtkindern noch sehr viel ökologische Erziehungsarbeit vonnöten war.

»Der Onkel neben dir macht aber auch alles weg!« Der vierjährige Justin hatte seine Hände in den Maschendrahtzaun gekrallt und starrte auf das Nachbargrundstück.

Heidrun seufzte leise.

Das Gartenkonzept dieses Herrn Wiesmüller entsprach so gar nicht ihren Vorstellungen von naturnahem Gärtnern, aber sie und Wolfgang waren bestrebt, ein gutes Miteinander durchzusetzen. Die Harmonie in ihrer grünen Oase durfte nicht durch kleinkarierte Streitereien gestört werden. Heidrun sah, wie Wiesmüller in seinem weißen Unterhemd und mit mürrischer Miene zu einer Art Spritzpumpe griff. Es würde kein leichter Weg werden, aber mit etwas Toleranz und Respekt vor Mensch und Natur würde es schon gehen.

Der weiche Klang der metallenen Windspiele an Laube und Bäumen beruhigte ihre gereizten Nerven.

Keuchend setzte Wiesmüller die schwere Spritzpumpe ab. Ihm war ein wenig schwummerig von dem Gift, das er ausführlich in jeden noch so versteckten Winkel seines Gartens versprüht hatte. Doch es hatte sich gelohnt. Die Schnepfe hatte sich mitsamt ihrer krakeelenden Kinderschar verzogen.

Sie war ja selbst schuld. Hätte nicht auch noch damit angeben müssen, dass sie da, direkt neben dem Zaun, der ihre Grundstücke trennte, eine Schmetterlingswiese angelegt hatte. Eine Schmetterlingswiese! Pah! Schmetterlinge schön und gut, aber bevor die putzig durch die Luft flatterten, waren das bekanntlich Raupen! Nimmersatte Schmarotzer, gnadenlose Fressmaschinen, die auch nicht vor seinem Kohl oder seinen preisgekrönten Rosen Halt machen würden. Aber das war dieser Öko-Tante natürlich nicht klarzumachen. »Ein Biotop« wolle sie errichten, hatte sie ihm immer wieder entgegengehalten, »ein gesundes, natürliches Biotop!« So ein Unsinn, Wiesmüller wollte keine Natur, er wollte einen Garten!

Das hatte sie jetzt davon! Seine Blumen, Sträucher und Gemüse waren nun jedenfalls für eine ganze Weile sicher vor gesunden, natürlichen Schädlingen! Sollte die Schnepfe doch ruhig was von Wachstumsstörungen jammern, die ihre lärmenden Bratzen von dem Insektenbekämpfungsmittel davongetragen hätten.

Wiesmüller atmete tief ein. Er genoss die gerade wieder eingekehrte Ruhe. Doch hielt sie nicht lange vor. Pling-dingding. Leise klimperten die Windspiele von nebenan. Bei jeder leichten Brise. Pling-ding-ding. Das Geräusch war allgegenwärtig, und hatte man es erst einmal wahrgenommen, ließ es sich auch nicht mehr ausblenden. Wiesmüllers Blutdruck begann, eine bedenkliche Höhe zu erreichen. Das Rauschen in seinen Ohren vermochte jedoch nicht, das durchdringende Klingeln zu übertönen. Pling-ding-ding.

Dröhnend knatterte sich ein Rasenmäher mitten hinein in Heidruns heilige Siesta in der Hängematte. Es war punkt 15 Uhr. Wiesmüller mähte seinen handtuchgroßen Rasen, wie jeden Tag, eine Stunde lang! Eigentlich gab es da nichts mehr zu mähen, aber er mähte trotzdem, in dem selbstzufriedenen

Bewusstsein, die Schrebergartenordnung auf seiner Seite zu haben. Sicher bereitete es Wiesmüller schon in den Vormittagsstunden ein diebisches Vergnügen, seinen täglichen Einsatz an der Gartenfront zu planen. Soweit war es inzwischen gekommen. Wiesmüllers Provokationen und Belehrungen erreichten allmählich ein unerträgliches Maß.

Letzte Woche hatte er Wolfgang in hausmeisterlichem Ton auf die mangelnde Pflege ihrer Ligusterhecke hingewiesen. »Einen Meter achtzig!«, hatte er mit hochrotem Kopf gebrüllt. »Einen Meter achtzig! Die Höhe ist hier für jeden Pflicht! Für jeden! Auch für Bio!«

Mit Zollstock und Wasserwaage bewaffnet, war er vor ihr Eingangstor marschiert, um zu demonstrieren, dass ihre Hecke die 1,83 Meter deutlich überschritten hatte und unerzogen, wild durcheinander gen Himmel wuchs. Während der ganzen Auseinandersetzung war Wiesmüllers Frau wie ein Schatten durch die Gemüsebeete geschlichen, emsige Aktivität vortäuschend. Aber am liebsten wäre sie wohl zwischen den ganzen Kohlköpfen im Boden versunken.

»Ja, mit so einem Mann ...«, bemitleidete Heidrun ihre Nachbarin, mit der sie bis jetzt kaum ein Wort gewechselt hatte. Grundsätzlich sprach nur er, und immer mit dieser negativen Energie, die ihr und ihren Pflanzen nicht gut tat. Doch seine stille und duldsame Frau konnte offenbar nichts zur Schlichtung beitragen. Offensichtlich litt auch sie unter diesem Tyrannen.

Natürlich war es nicht besonders begrüßenswert gewesen, als ihre kleinen Strolche aus Versehen den Ball mehrfach in Wiesmüllers Rosensträucher geschossen hatten, aber sich deshalb so zu echauffieren? »Waren Sie nie ein Kind? Niemals jung?«, hatte Heidrun ihn mit einfühlsamer, beschwichtigender Stimme gefragt. Und dann diese ganze Aufregung über ihre frisch angesetzte Brennnesseljauche! »Hier stinkt's ja wie in einem Schweinestall!«, hatte er völlig verständnislos die natürliche Düngergewinnung kommentiert.

Da konnte sie sich noch so sehr bemühen, ihn für die biologische Balance im naturnahen Garten zu begeistern – er weigerte sich strikt, sich auch nur ein bisschen für dieses wertvolle Gedankengut zu öffnen.

Wiesmüller schien außerdem keinen Funken Humor zu besitzen.

Völlig cholerisch reagierte er auf das harmlose Foto, das Wolfgang mit seiner Handykamera heimlich von ihm gemacht und mit dem wirklich spaßigen Schriftzug »Hier wache Ich!« an seiner Gartentür angebracht hatte. Heidruns tolerantes Menschenbild begann, kleine Risse zu bekommen.

»Fiesmüller, Fiesmüller!«, skandierten die unerzogenen Blagen aus dem Nachbargarten ein ums andere Mal. Wiesmüller nickte grimmig. Sollten sie nur. Auf diese Art und Weise bekämen sie ihre Geschosse auch nicht zurück. Inzwischen hatte er in seinem Geräteschuppen eine ganz hübsche Sammlung von Fuß-, Feder- und sonstigen Bällen, mit denen diese Bälger seine Rosen bombardiert, den Fingerhut geknickt und den Rittersporn entblättert hatten.

Mittlerweile war es ihm auch schon egal, ob die Bälle mit Absicht oder aus purer Ungeschicklichkeit auf seinem Grundstück landeten. Nur eine Rücksichtslosigkeit von vielen.

Es musste etwas passieren, das diesen Öko-Eso-Terroristen endlich dieses beseligte Dauergrinsen von ihren Gesichtern wischte. Und Wiesmüller hatte auch schon eine Idee.

Das heißt, eigentlich war es gar nicht seine Idee. Diese Heidrun hatte ihn darauf gebracht. Hatte diese Schnepfe es doch gewagt, sich an seine Erna ranzuwanzen! Mal hier, mal da versucht, ein Pläuschchen über den Gartenzaun zu beginnen, wenn sie ihn nicht in der Nähe vermutete. Und dann: »Frau Wiesmüller, könnten Sie nicht mal ein gutes Wort bei Ihrem Mann einlegen ...« Pah! Ein gutes Wort! Da kannte seine Erna ihn aber besser. Die wusste genau, dass er ihr dann ein paar gute Worte zurückgegeben hätte!

Trotzdem hatte sich seine gutmütige, dusselige Frau das Gejammer angehört. Und um dem Fass die Krone aufzusetzen, hatte ihr diese Heidrun dann noch zwei Broschüren in die Hand gedrückt, eine über Feng Shui im Garten – nicht zu glauben – und eine über biologische Schädlingsbekämpfung ohne Gift. »Wissen Sie, weil die Kinder doch das alles abbekommen, wenn sie bei mir spielen. Vielleicht können Sie Ihren Mann ja ein bisschen beruhigen. Wir sind jetzt sowieso vier Tage bei meinen Eltern im Schwarzwald.« Damit war die Nachbarin dann abgerauscht.

Als Wiesmüller die Broschüren in den Müll werfen wollte und sein Blick zufällig auf ein Titelbild fiel, da war er tatsächlich ganz ruhig geworden. Und ihm war eingefallen, was für ein Geschenk er den Nachbarn in ihrer Abwesenheit machen könnte. Ein rein ökologisches Bio-Geschenk. Wenn die in vier Tagen zurückkämen, würden sie aber Augen machen!

Schnecken! Der ganze Garten – voller Schnecken! Heidrun stand apathisch mitten in ihrem kahlgefressenen Paradies. Sie konnte sich das nicht erklären. Sie hatte doch alles richtig gemacht, um die Zahl dieser ungebetenen Gäste auf natürlichem Wege einzudämmen.

Sie hatte ihre Pflanzen nur morgens gegossen, auf eine gute Krümelstabilität der Gartenerde geachtet, Duftbarrieren aus Petersilie, Thymian und Salbei angelegt, die Beete gemulcht. Und jetzt das! Wo früher Zucchini und Dahlien wuchsen, ragten nur noch kahle Stengel aus dem Boden. Von ihren Cosmeen war nichts mehr zu sehen. Und der Rittersporn? Auch dahin!

Waren die Schnecken in dieser Schrebergartenanlage, in der Menschen wie Wiesmüller ihre Pflanzen mit einer Art C-Waffe beschützten, gegen ihre für beide Seiten gesünderen Abwehrmaßnahmen resistent geworden?

»Rauchbier!«, hörte Heidrun ihren Mann hinter der Gartenlaube rufen. »Rauchbier!«

»Typisch Wolfgang! Für mich bricht eine Welt zusammen, und er denkt nur an das eine. Vier Tage Schwarzwald bedeuten für ihn vier Tage Entzug! Entzug von seinem fränkischen Bier!«

Wolfgang rannte ihr mit weit aufgerissenen Augen und zerzausten Haaren entgegen, stammelte ständig das Wort »Rauchbier« vor sich hin und gestikulierte wild herum. War es schon so weit mit ihm gekommen? Phantasierte er bereits im Delirium?

Und dann sah sie es auch, erkannte die Ursache seiner Erregtheit. Überall in ihrem Garten hatte jemand kleine Schalen mit Bier verteilt, in denen Hunderte Schnecken ertrunken waren. Für ihren Wolfgang war das sicher eine erstrebenswerte Art zu sterben. Diese Bierfallen hatten offenbar die Schneckenpopulation der gesamten Anlage in ihren Garten gelockt, damit sie ihr zerstörerisches Werk vollbrachten. Und Heidrun wusste sofort, wer das zu verantworten hatte.

»Wiesmüller! Das war dieser Wiesmüller! Ganz sicher!« Er hatte ihre Abwesenheit genutzt und für seine schäbige Tat unerlaubt ihren Garten betreten. Sie war sich sicher, Reden würde bei ihrem Nachbarn nichts nützen. Die Zeiten, in denen sie sich als heilende Kraft für diesen Menschen gesehen hatte, waren vorbei. Heidrun musste handeln.

Sie lagen im Sterben. Das war nicht mehr zu leugnen.

Entsetzt ließ Wiesmüller den Blick über die welkenden Blätter seiner Rosen wandern. Die braunen Flecken und hängenden Köpfe kündeten vom Todeskampf der einst so stolzen Blumen. Tränen traten ihm in die Augen.

Die ungeliebte Heidrun schien hingegen wieder bester Stimmung zu sein. Sie lehnte am Zaun, nippte an einem Cocktail – offenbar trank sie mittlerweile sogar schon am frühen Nachmittag – und prostete ihm sogar zu. »Wissen Sie, was eine Margarita erst so richtig großartig macht, Herr Nachbar? Der Salzrand!«

Wiesmüller erbleichte. Die Gießkanne fiel ihm aus der zitternden Hand, und wie vom Donner gerührt taumelte er zu seiner Regentonne.

Er tauchte den Zeigefinger hinein und hielt ihn sich unter die Nase. Zu riechen war nichts. Vorsichtig leckte er mit der Zunge darüber – Salz! Die Schlampe hatte tatsächlich sein Gießwasser versalzen! Das sollte sie büßen!

Wiesmüller sah rot. In blindem Zorn griff er nach einer Gartenhacke. Das Pochen in seinen Schläfen steigerte sich zu einem infernalischen Trommeln. Mit hassverzerrter Fratze stürmte er auf Heidrun zu. Der erstarb das feixende Grinsen im Gesicht. In panischer Erstarrung sah sie den rasenden Nachbarn auf sich zukommen.

Ein stechender Schmerz hinter Wiesmüllers Stirn ließ ihn innehalten. Dann wurde ihm schwarz vor Augen.

Frieden! Endlich herrschte Frieden in ihrem Paradies. Heidrun streckte sich genüsslich in ihrer Hängematte aus. Es war 15 Uhr und – es war still. Kein Nachbar, der seinen Rasen mähte, der die Höhe ihrer Hecke beanstandete oder sich über fröhliche Kinderstimmen beschwerte.

Ihr Garten war nach der Schneckenattacke wieder aufgeblüht, genau wie Frau Wiesmüller. Sie schien der plötzliche Schicksalsschlag nicht allzu schwer getroffen zu haben, im Gegenteil.

Freundlich und entspannt unterhielt man sich jetzt am Gartenzaun und tauschte Gartentipps aus, während Herr Wiesmüller ruhig vor seiner Laube hockte. Bewegungslos hatte er dagesessen und zugesehen, als seine Gattin einen Gesundheitskuchen über den Zaun gereicht hatte, ein Friedensangebot eigens für Heidrun und deren Mann – nach einem Rezept aus ihrem neuen Vollwertbackbuch.

In ihm tobte jetzt höchstens noch ein innerer Kampf.

Seit jenem Nachmittag.

Als ihn der Schlag getroffen hatte.

Erna Wiesmüller genoss die Strahlen der Nachmittagssonne auf der Veranda ihrer Laube. Zärtlich tätschelte sie die Hand ihres regungslos vor sich hin starrenden Ehemannes, der in seinem Rollstuhl neben ihr saß. Die Ruhe war himmlisch. Und wenn sich die Nachbarn den Kuchen hatten schmecken lassen, würde endgültig Frieden einkehren. Sie hatte ihn mit so viel Liebe gebacken, mit rein biologischen Zutaten. Selbst der Fingerhut stammte aus dem eigenen Garten.

Petra Nacke

Hausbesuch

Die untergehende Sonne ließ die blassrosa Blüten des Kirschbaums fast purpurn erscheinen. Marie betrat das Haus durch die geöffnete Verandatür. Es war nicht ihr erster Besuch in diesen Räumen, seitdem sich die alte Villa in neuen Händen befand. Das Neue hatte sich auch dieses Mal verblüffend rasch ausgebreitet, so wie es sich immer schnell und heftig Raum schafft und dabei alles Gewesene verdrängt. Doch dieses Mal war es gut so.

Seit ihrem Bestehen hatte die alte Gründerzeitvilla allerlei Verwandlungen erleben müssen, die wenigsten davon zu ihrem Vorteil. Der Gestaltungswille ihrer Besitzer hatte immer und überall Spuren hinterlassen, hatte sich im Lauf der Jahrzehnte wie eine Patina über ihr ursprüngliches Erscheinungsbild gelegt, hatte es ihr fremd werden lassen. Es waren Wände durchbrochen und andere eingezogen worden, man hatte Dielen unter PVC und Teppichböden versteckt. Man hatte Stuck abgeschlagen und Farbschichten von Mauern gewaschen, um sie danach mit Raufasertapeten zu verkleben. Die jetzigen Bewohner hatten sich alle Mühe gegeben, die Schäden der Vergangenheit zu beseitigen und das Haus wieder zu dem zu machen, was es einmal war. Das war vor allem Julia zu verdanken, die monatelang unermüdlich daran gearbeitet hatte. Die Besucherin war sehr zufrieden.

Sie hatte jeden Auszug, jeden Einzug und all die Veränderungen an diesem Ort stets mit großem Interesse und neugieriger Anteilname verfolgt. Das erschien ihr vollkommen normal. In ihren Augen war es immer noch ihr Zuhause, und in einem gewissen Sinne stimmte das ja auch, obwohl der Name »Ellrodt« schon seit mehr als einem halben Jahrhundert nicht mehr auf dem angelaufenen Messingschild unter dem Klingelknopf zu lesen war. Auch gab es in der Gegend kaum noch jemanden, der sich daran erinnern konnte oder wollte.

Die Besuche hatten Marie Ellrodt immer mehr Kraft abverlangt. Dennoch ließ sie es sich nicht nehmen, jedem neuen Bewohner – jeder neuen Bewohnerin – ihr Anliegen vorzutragen. Das war wie ein innerer Zwang, wie eine Tradition, ein festgeschriebenes Ritual, dem sie sich nicht entziehen konnte, auch wenn es bis jetzt immer umsonst gewesen war. Die meisten Menschen waren abgestumpft, viele behandelten sie wie Luft, und die wenigen, die offen waren, verstanden nicht, worum es ihr ging. Verstanden nicht, dass das Haus der Schlüssel und der Garten das Schloss war. Und wenn sie schließlich doch verstanden, verließ sie erst der Mut, und bald darauf verließen sie das Haus. Nur ein einziges Mal hätte Marie beinahe Erfolg gehabt, doch dann machte ein dummer Zufall alles zunichte. Das Haus stand daraufhin eine halbe Ewigkeit leer. Dieses Mal würde sie endlich an ihr Ziel gelangen.

Dies alles hatte sie Julia erzählt. Sie mochte die junge Frau, die das Haus zusammen mit ihrem Mann vor einem knappen Jahr bezogen hatte. Sie erschien ihr vom ersten Moment an im gleichen Maße energisch und zupackend wie nervös und sensibel – eine ideale Mischung. Ihr Mann war schwieriger, ihm fehlte der gewisse Blick für die wirklich wichtigen Dinge. Das musste Julia schließlich auch zugeben. Die beiden stritten sich immer häufiger, und immer öfter übernachtete er auf dem Sofa in seinem Büro in der Stadt. Das Haus hatte sie einander nicht wieder näher gebracht nach dem Tod ihres einzigen Kindes. Es hatte sie, ganz im Gegenteil, immer weiter auseinandergetrieben und stand nun wie ein steinerner Keil zwischen ihnen. Arme Julia, Marie konnte sich nur allzu gut in sie hineinversetzen.

Auf dem Flur hörte sie Julia Nägel in die Wand schlagen. Die Renovierungs-, besser gesagt die Wiederherstellungsarbeiten waren beinahe abgeschlossen. Das Haus hatte sich fast vollständig wieder zu dem gewandelt, was es einmal gewesen war, damals. Marie betrachtete vom Biedermeiersofa aus die Stuckornamente an der Decke des Kaminzimmers. Nach all den Jahren, in denen sie unter Plastikpaneelen versteckt waren, schienen sie sich nun besonders üppig ausbreiten zu wollen. Auch die alten Türen waren sorgfältig abgeschliffen und die Wände des Kaminzimmers in einer Farbe gestrichen worden, die dem Original erstaunlich nahe kam. Tische, Stühle und Lampen waren beim Antiquitätenhändler gekauft, Vorhangstoffe aus Italien geordert worden. Sogar der schwere Mahagonisekretär war schließlich aus seinem jahrzehntelangen Dornröschenschlaf auf dem Dachboden geweckt und an seinen Platz gestellt worden. Das dunkle Holz leuchtete rötlich und verströmte einen heiteren Duft nach Orangen und Bienenwachs. Das Haus hatte endlich wieder begonnen zu leben. Alles ging seinen Gang.

Ein Eichhörnchen lief über die Veranda, näherte sich neugierig dem Eingang, hielt die spitze Nase schnüffelnd in die Luft und erstarrte kurz, bevor es einen pfeifenden Laut ausstieß. Marie blickte ihm schweigend nach, wie es blitzschnell im bleichen Geäst einer Birke verschwand. '

Das Haus ist der Schlüssel und der Garten das Schloss. Über den abenddämmrigen Ausschnitt, den Marie von ihrem Sitzplatz aus durch die Verandatür sehen konnte, schob sich vor ihr inneres Auge das lichte Bild des ganzen Gartens, der das Haus wie ein kleiner Park umgab. Es war der herrliche Garten ihrer Kindheit, den sie sah. Selbst in der Zeit, in der das Haus leer gestanden, der Garten verwildert und beides den Wettern überlassen worden war, wäre es ihr nicht in den Sinn gekommen, auf die Spaziergänge in ihrem Garten zu verzichten. Hier, unter den knorrigen und vom Alter gebeugten Weiden, zwischen den üppig wuchernden Rhododendron- und Ginstersträuchern, erst hier, wo sie noch als junge Frau Beete angelegt und Bäume gepflanzt hatte, fühlte sie sich wirklich daheim. Sie liebte die Buchenhecken, hinter denen sich nicht nur als Kind so gut Versteck spielen ließ. Sie liebte die Kieswege, die von gestutzten Buchsbäumen gesäumt waren, und den kleinen, offenen Holzpavillon, an dem die Rosen im Sommer emporrankten, als hätte die Sonne einen Preis dafür ausgeschrieben. Sie genoss es, auf einer der moosbewachsenen Steinbänke in der Sonne zu sitzen und sich all der Empfindungen und Eindrücke zu erinnern, die sie auf immer mit diesem Ort verbinden würde. Sie liebte den Duft des Kampfers und das leise Rascheln des Schilfgrases am Rand des künstlichen Weihers, den schon ihre Großeltern hatten anlegen lassen. Auf eine besondere Weise liebte sie sogar den Weiher.

Der Garten war fast vollständig von einer mannshohen Steinmauer eingefasst. Im Osten führte ein Feldweg direkt daran vorbei und trennte das Anwesen von einer Obstwiese, an deren Rändern Birken und Ebereschen wuchsen. An der Nordseite, dort wo der Garten an ein kleines Fichtengehölz grenzte, war ein Bogen in die Mauer eingelassen. Die Ornamente des schmiedeeisernen Tors waren von einer dicken Rostschicht überwachsen. Die Scharniere stöhnten zwar laut, wenn sie in ihrem Schlaf gestört wurden, bewegten sich aber kaum einen Millimeter. An vielen Tagen hatte Marie Ellrodt vor diesem Tor gestanden und an die Zeit gedacht, in der es sich so lautlos und leicht öffnen ließ wie die Flügel eines Falters. Das war lange vorbei.

Es war das Tor, an dem sie sich zum ersten Mal begegnet waren. Die junge Frau kniete, eine Spraydose und Schmirgelpapier in der Hand, davor und versuchte dem Rost beizukommen. Marie hatte eine ganze Weile reglos dagestanden und zugeschaut, bevor sie bemerkt wurde. Die beiden Frauen waren ins Plaudern gekommen, hatten über dieses und jenes gescherzt, bevor Marie sich als Nachfahrin der ursprünglichen Besitzer zu erkennen gegeben hatte. Julia Lorenz wunderte sich nicht, wie die andere auf das Grundstück gelangt war, zeigte sich im Gegenteil höchst erfreut über den Besuch und hatte darauf bestanden, Marie zu einer Tasse Kaffee hereinzubitten und ihr das Haus zu zeigen. »Es muss doch sehr interessant für Sie sein, zu sehen, was daraus geworden ist.« Marie hatte gelächelt und genickt. Das war ihr erster Schritt in das Leben der anderen.

Man war sich rasch näher gekommen. Es gab in der Folge viele gemeinsame Nachmittage und viele Spaziergänge durch den Garten, in denen Julia ihrer neuen Bekanntschaft begierig lauschte, wenn diese von der Vergangenheit erzählte. Julia wollte alles ganz genau wissen. Welche Farbe hatten die Wände der verschiedenen Zimmer gehabt? Wo hatten welche Möbel gestanden? Was für Vorhänge hatten damals an den Fenstern gehangen? Und dann der Garten. Wie hatte er ursprünglich ausgesehen, waren die Obstbäume noch von Maries Großeltern gepflanzt worden? Hatte es Kräuter- und Gemüsebeete gegeben und was genau war dort angepflanzt worden?

Marie erzählte geduldig, beantwortete die Fragen der Jüngeren bis ins kleinste Detail und würzte alles mit Anekdoten aus ihrer Jugend. Auf diese Weise erfuhr Julia nicht nur viel über Maries Kindheit in diesem Haus, sondern auch über die späteren Jahre, als Marie nach dem Tod ihrer Großeltern selbst Hausherrin geworden war. Es musste irgendwann in dieser Zeit auch einmal einen Mann in ihrem Leben gegeben haben. Darüber sprach sie jedoch kaum. Er sei eben gegangen, habe sich dem Anwesen nicht in dem Maße verbunden gefühlt, wie sie es sich gewünscht hätte. Die Mischung aus Bitterkeit und nackter Wut, die dem gleichgültigen Ton ihrer Stimme widersprach und ihr freundliches Gesicht für einen winzigen Moment beinahe bösartig aussehen ließ, hatte Julia zusammenzucken lassen. Von da an vermied sie es, über dieses Thema zu sprechen.

Stattdessen versicherte sie Marie ein ums andere Mal, wie sehr dieses Haus und vor allem der Garten sie schon seit langem angezogen habe, wie oft sie mit ihrem Mann daran vorbeigefahren sei und wie sehr sie darunter gelitten habe, es in der Zeit, in der es leer stand, herunterkommen zu sehen.

Sie erzählte von ihrer Erleichterung, endlich wieder ein Ziel vor Augen, einen Sinn im Leben gefunden zu haben, als ihr Mann sich doch noch bereiterklärt hatte, ihr mit dem Kauf des Anwesens einen Herzenswunsch zu erfüllen. Später, als Julia Vertrauen gefasst hatte, sprach sie dann auch über Fanny.

Es fiel ihr nicht leicht, an das zu rühren, was sie fest verkapselt und tief in sich verschlossen jeden Augenblick ihres Lebens mit sich trug. Jahrelang war die wahnsinnige Trauer über den Tod ihres Kindes wie schwarzes Gift durch ihren Körper pulsiert. Mit jedem Herzschlag war der Schmerz aufs Neue in ihr verteilt worden, hatte ihr den Atem genommen, die Stimme und die Lust am Leben geraubt. Ihr Mann hatte sich nach Fannys Unfall an seinen Beruf geklammert, bei der Arbeit in seiner Kanzlei Ablenkung gefunden. Julia hatte ihren Beruf mit der Geburt ihrer Tochter aufgegeben, für sie gab es kein Zurück, keine Ablenkung. Sie lebte mit Gespenstern. In diesem Haus hätte Fanny aufwachsen, in diesem Garten spielen sollen. Robert begriff nicht, dass sie nach der Tragödie immer noch darin wohnen wollte. Er sträubte sich genauso energisch gegen den Einzug, wie er sich schon gegen den Kauf gesträubt hatte. Er schien sich beinahe davor zu fürchten und hatte schließlich doch eingelenkt, auch in der Hoffnung, diese Entscheidung würde ihre Ehe retten und einen neuen Anfang markieren.

Julia schien das Haus tatsächlich gut zu tun. Sie machte langsam Fortschritte, begann wieder zu sprechen, lachte gelegentlich sogar, schien endlich wieder einen festen Halt im Leben gefunden zu haben. Mit der Zeit blühte sie regelrecht auf, jedoch in einer Weise, die ihren Mann erschreckte. Sie arbeitete mit einer Verbissenheit, die etwas Maßloses hatte, kaufte Dinge, die seinem Geschmack überhaupt nicht entsprachen und reagierte mit wütender Gereiztheit, wenn er Kritik daran übte. Sie hatte exakte Vorstellungen davon, wie alles auszusehen hatte. Es war ihm, als folgte sie einem geheimen Befehl, der keinerlei Abweichung und keinen Widerspruch erlaubte. Zunächst hatte er es mit ruhiger Überzeugungsarbeit versucht, dann wütend aufbegehrt und sich schließlich resigniert zurückgezogen. Stoisch registrierte er, wie sich das Haus unter Julias Händen nach und nach in ein Museum verwandelte, in dem er sich nur noch als Fremdkörper empfand.

Aber was wusste er schon, was verstand er von der Magie der Dinge, von den geheimen Plänen, die jedem Ort innewohnen und denen sie gehorchen musste, um an ihr Ziel zu gelangen. Das Ziel. Bei allem, was sie tat, hatte sie immer nur dieses eine Ziel vor Augen. Nicht ihr Mann, sondern nur Marie hatte das verstanden und sie darin bestärkt. Marie konnte nachvollziehen, dass jede abgeschliffene Bodendiele, jede restaurierte Tür, jedes neu angelegte Gartenbeet einen Schritt näher hin zu ihrem Kind bedeutete. Mehr noch, Marie hatte sie erst auf diesen Weg gebracht. Sie hatte ihr das in Rindsleder gebundene Album gezeigt, das in einer verstaubten Holztruhe auf dem Dachboden gelegen hatte und ihr die Fotos erklärt, die immer wieder das Haus und den Garten zeigten, so wie sie einmal ausgesehen hatten. So wie sie wieder aussehen sollten, damit sich der Kreis endlich schließen konnte. Es war anstrengend gewesen. An manchen Tagen, wenn ihr Körper sich beim Schleifen der Dielen oder beim stundenlangen Zurückstutzen der verwilderten Hecken wieder einmal in einen einzigen schmerzenden Muskel verwandelt hatte, fürchtete sie, es niemals zu schaffen. Kleine Missgeschicke, wie die Zusendung eines falschen Teppichs oder eine zersprungene Lampe, brachten sie an den Rand der Verzweiflung. Marie war freundlich, aber bestimmt. Zwar tröstete und beruhigte sie die Freundin, drängte aber gleichzeitig auf die exakte Umsetzung des Plans. Nur so würde Julia an ihr Ziel gelangen, würde sich ihr sehnlichster Wunsch, ihr Kind wiederzusehen, erfüllen. Als der Moment endlich gekommen war, fühlte Julia sich so leicht und unbeschwert wie nie zuvor in ihrem Leben.

Marie war geräuschlos neben sie in den Flur getreten. Lange betrachtete sie die gerahmten Fotografien, die Julia aufgehängt hatte. Auf den meisten von ihnen waren das Haus und der Garten zu verschiedenen Jahreszeiten abgebildet. Eines der braunstichigen Schwarzweißfotos zeigte eine altmodisch gekleidete Frau. Auf den Knien der Frau saß ein Säugling und blickte mit großen Augen in die Kamera. Julia kannte die Frau und das Kind, kannte ihre Geschichte, die sich jetzt endgültig mit ihrer eigenen verweben würde. Tänzelnd wie ein Teenager lief sie barfuß neben Marie über den Kiesweg, dessen Konturen nun fast vollständig von der Dämmerung verschluckt wurden. Marie hielt ihre Hand fest umschlossen. Sie hielt sie, als sie das Rasenstück zum Weiher hin passierten, und sie hielt sie immer noch, als sie bis zum Hals im Wasser standen. Marie musste kaum Gewalt anwenden, Julia folgte ihr bereitwillig, so wie Marie vor vielen Jahren ihrem Kind auf den Grund des Weihers gefolgt und nie wieder aufgetaucht war.

Robert Lorenz hatte beschlossen, seine Tochter umbetten zu lassen und sie an der Seite seiner Frau auf dem Friedhof der kleinen Ortschaft zu beerdigen. So waren sie endlich wieder vereint und nahe dem Haus, das Julia so viel bedeutete. Obwohl sie nur für kurze Zeit hier gelebt und so gut wie keine Kontakte geknüpft hatten, waren erstaunlich viele Einheimische zur Beisetzung gekommen. Es regnete. Der Pfarrer schien die Zeremonie möglichst schnell hinter sich bringen zu wollen. Eine Schaufel voll Erde, eine Blume. Das ist alles, was zu tun bleibt. Danach kommt das Nichts, kommt die Kälte. Robert fror. Im Gehen wurde er von einer alten Frau angesprochen. Es sei, sagte sie, eine furchtbare Tragödie. Drei Menschen seien in diesem verfluchten Garten ums Leben gekommen. Eine junge Frau, die beinahe in dem Weiher ertrunken und damit sein viertes Opfer geworden wäre, konnte im letzten Moment von ihrem Mann gerettet werden. Danach hätten alle hier gehofft, dass nie wieder jemand in das Haus einziehen, niemand mehr den Garten betreten würde.

Sie griff Robert am Ärmel seines grauen Trenchcoats und zog ihn mit sich. Innerlich wie versteinert, unfähig, sich der Grobheit zu entziehen, folgte er ihr über die unebenen Wege des alten Friedhofs. In unzähligen Bodensenken hatte sich der Regen gesammelt und Pfützen gebildet. Er lief mitten hindurch, es war ihm egal. Vor einer steinernen Grabplatte, an deren Rändern sich ein dunkler Moosteppich ausgebreitet hatte, blieb die Alte stehen und bedeutete ihm zu lesen. Er kannte den ersten der beiden Namen, die auf dem verwitterten Stein standen. Er hatte diesen Namen oft genug aus Julias Mund gehört, auch wenn er die Frau, von der sie immer wieder erzählte, nie zu Gesicht bekommen hatte: *Hier ruhen Marie Ellrodt, geb. 1921, gest. 1943 und Carina Ellrodt, geb. 1941, gest. 1943.* Darunter, kaum noch leserlich, stand ein Satz, den er ebenfalls aus Julias Mund kannte, den sie wie ein Mantra sogar im Schlaf vor sich hingemurmelt und dessen Sinn er nie begriffen hatte. Es traf ihn wie eine eisige Klinge ins Herz: *Das Haus ist der Schlüssel und der Garten das Schloss.*

6 Uhr 23 – Guten Morgen, Bamberg.

Willst du für eine Stunde glücklich sein,
so betrinke dich.
Willst du für ein Jahr glücklich sein,
heirate.
Willst du aber ein Leben lang glücklich sein,
so schaffe dir einen Garten.
Japanische Weisheit

Die Stadt hatte ihn magisch angezogen, schon als Kind. Kaum ein Tag, an dem er sich nicht daran erinnerte: wie er zum ersten Mal den Wunsch verspürt hatte, hier leben zu wollen. Die Ferien beim Großvater, der am Weidendamm mitten in Bamberg wohnte. Er hatte den Enkel für mittelalterliche Häuserzeilen und barocke Prachtbauten begeistert, war mit ihm stundenlang durch die verwinkelten Straßen und Gassen spaziert. An der Regnitz entlang, von Klein-Venedig bis zum Mühlenviertel, und dann von Berg zu Berg.

Die sieben Hügel. Das fränkische Rom.

Der Dom mit Alter Hofhaltung und Neuer Residenz, dazwischen ein freier, offener Platz. Vor tausend Jahren hielt man diesen Ort für den Mittelpunkt des Reiches, den »Nabel der Welt«.

Ein imponierendes Ensemble, dessen bloßer Anblick ihn nicht mehr losgelassen hatte. Unumstößlich hatte für ihn in diesem Augenblick festgestanden, was er in seinem Leben werden wollte: Gebäude-Erfinder, Baukünstler, Architekt. Bauwerke erschaffen, die andere Menschen auf immer und ewig in Staunen versetzen sollten.

Seine Berufung.

Das Büro wurde sein Palast. Hier entstanden seine Wohnträume für Menschen.

Er schaute in das Dunkel des Schlafzimmers und hörte die ruhigen Atemzüge von Katja. Die letzte Nacht neben ihr. Kein Entrinnen.

Katja. Sie hatte das gleiche Gefühl gehabt wie er, die gleiche Liebe zu dieser Stadt. Auf der Brücke des Alten Rathauses hatte er sie stehen sehen, die Augen geschlossen. Lächelnd und alles um sich herum tief einatmend. Die fröhlichen Menschen, den strahlend blauen Himmel, das Rauschen des Flusses bei geöffnetem Wehr. Er hatte sich neben sie gestellt, die Augen ebenfalls geschlossen und gemeinsam mit ihr geatmet – bis er ihr aufgefallen war. Keine Stadt riecht besser, hatte sie zu ihm gesagt.

Manche Städte strömen einen unerträglichen Gestank aus, bei anderen bemerkt man kaum etwas, weder Wärme noch Kälte, weder Freude noch Stolz. Wieder andere kommen über den Geruch von Beton nicht hinaus. Manche verströmen pure Arroganz, manche beginnenden Verfall und etliche den Mief der Mittelmäßigkeit.

Bamberg ist anders. Bamberg hat einen unvergleichlichen Geruch. Vor allem im Frühling, den er schon Tage vorher wahrnehmen konnte, so wie alle, die mit dieser Stadt verwachsen waren. Nichts konnte ihn dann daran hindern, morgens über den Markt zu gehen und die Ankunft dieser Jahreszeit auf den Gesichtern der Gärtner und Kaufleute abzulesen. Endlich die lang ersehnte Wärme, die alle tief inhalierten, den Schal noch um den Hals geschlungen. Die vertrauten Höhlen verlassen wie nach einem langen, erholsamen Winterschlaf. Immer noch träge, aber mit der satten Gewissheit, dass neue und doch altbekannte Düfte die Geister beleben werden. Würzige Käsesorten, frische Kräuter, junges, saftiges Gemüse. An den Ständen vorbeischlendern, unbekannte Menschen wissend anlächeln und auf einem eilig vors Café gestellten Tisch Platz nehmen. Für kurze Zeit Ruhe und Geborgenheit tanken.

Lautlos stand er auf und öffnete das Fenster. Katjas Duft vermischte sich mit der hereinströmenden Luft der Stadt. Eine letzte Atempause.

Menschen konnte man entweder riechen oder nicht. Genau wie Städte. Bamberg war für ihn einzigartig, das Füllhorn seines Lebens, ein fruchtbares Fleckchen Erde, wo es an jeder Ecke blühte und spross wie im Paradies.

Nach der Lebendigkeit eines Sommertages die Wildensorger Straße hochfahren und in den kleinen Weg abbiegen, an dem früher nur Gartenhäuser gestanden hatten. Satte Schwüle, gedämpft von den ersten Anzeichen der Dämmerung. Kühle Luftwellen, Glühwürmchen in der Hecke, Musik von einem Biergarten herüberschallend, vermischt mit Gelächter. Vor ihm das Kloster Michaelsberg, majestätisch und weithin sichtbar. In seinem Rücken die höher gelegene Altenburg, erstes Erkennungszeichen der Heimat aus der Ferne. Und überall Grün: Teufelsgraben, Remeishügel, Ottobrunnen, Waldwiese, kleine und große Oasen, Rückzugsgebiete, Enklaven der Natur. Dies alles betrachten oder zumindest spüren, auf den Terrassenstufen sitzen, eine Zigarette rauchen, die Zeitung durchblättern.

Sein Garten über der Stadt.

Auf der Asienreise mit Katja hatte er zum ersten Mal japanische Gärten und die Philosophie, die diesen zugrunde liegt, kennengelernt. Sorgfältig zusammengestellte Miniaturlandschaften aus Stein, Wasser und Pflanzen, die immer wieder neue, überraschende Entdeckungen für Sinne und Seele bereithielten, ließen ihn in eine andere Welt eintauchen. Was die Japaner »Die Schönheit der Leere« nannten, hatte ihn verzaubert. Felsen und Steine, oftmals zu Tieren geformt, als

Kontrapunkt zu einer sich schnell verändernden Welt. Symbole der Beständigkeit.

Am meisten faszinierte ihn die Bedeutung des Karpfensteins. Der Legende nach verwandelt sich ein Karpfen in einen Drachen, Grundlage für die Gestaltung von Wasserfällen. Wenn ein Gewässer über einen Absturz fließt und hinunterstürzt, trifft es auf den Karpfenstein. Er lässt das Wasser auf natürliche Weise in den Teich spritzen, fast tanzen. Ein kleines, unaufgeregtes Spektakel, bei der Kraft und Energie förmlich greifbar werden. Kraft und Energie zeichnen auch den Drachen aus, den Beschützer des Guten, umrahmt vom Quell des Lebens.

Wasser, dieses unverzichtbare Element. In einem japanischen Garten steht es für alle Meere der Welt. Sein Plätschern und Gurgeln erinnert an den leisen Klang beruhigender Musik, es spiegelt den Himmel wider. Wasser und Musik, die Verbindung von Himmel und Erde.

Ein immerwährendes Staunen, kostbare Gewohnheit, täglicher Rausch.

Diese Ordnung wollte er mit in seine Stadt nehmen. In eine Stadt, in der sich so viele Grünflächen in seinen Augen nur willkürlich ergeben hatten.

Er aber wollte eine Ordnung für die Menschen, die er liebte.

Und mittendrin: Katja, Elly, Marie, Ben.

Lange hatte er gebraucht, bis alles seiner Vorstellung von Perfektion entsprach. Bis ins kleinste Detail war alles ausgeklügelt. Monate hatte er mit der Planung zugebracht, bis der Garten mit der Umgebung harmonierte und die Wege jeden Besucher in ihren Bann zogen. Manche klein und gewunden oder zuweilen holprig, um die Wahrnehmung des Betrachters zu schärfen. Und um dem Bösen den Zutritt zu verwehren. Gerade Wege, um den Blick in eine bestimmte Richtung zu lenken. Jeder, der kam, sollte sich niederlassen, die vollendete Schönheit betrachten und auf sich wirken lassen.

Die kleine Holzbrücke über den Zufluss zum Teich. Auch hier der Weg in gewundener Form, damit das Böse verwirrt wurde und ins Wasser fiel. Nichts sollte den Weg der Menschen, die er liebte und um die er sich sorgte, negativ beeinflussen. Ausgesuchte, in ungerader Zahl gesetzte Findlinge, sorgfältig zurechtgeschnittene Bäume, weiches Moos. Umrahmt von Bambus, der die verschiedenen Generationen symbolisierte.

Alles brauchte Fürsorge, Zuschnitt. Sonst würde es nicht mehr in vollkommener Ordnung sein.

Sein Lebens-Garten.

Bamberg, Gegenwart, kurz vor der Morgendämmerung. In der Küche bereitete er eine Kanne Grüntee zu und schaute nach draußen. Alles lag noch im Dunkeln. Der Zeitpunkt für das Rechen des Weges war gekommen. Kare-san sui. Harken, tiefe Meditation, das hohe Ziel des Nicht-Denkens. Wie das Wasser Steine und Inseln umspült, soll der Kies mithilfe der Harke die Form natürlicher Wasserläufe annehmen. Kein Anfang und kein Ende, sondern ineinander übergehende Linien. Wie jeden Morgen würden die kleinen weißen Steine den neuen Tag in einem meisterhaften Bogen empfangen. Silberkiesel, gewidmet den vom Himmel herabsteigenden Göttern.

Er dachte an das Messer, das in der Küchenschublade lag. Das japanische Küchenmesser, das er letztes Jahr zu Weihnachten geschenkt bekommen hatte, kunstvoll gehärteter Stahl.

Alles ein für alle Mal regeln, ins Reine bringen. Wieder Ordnung herstellen.

Die Frist war abgelaufen.

Er ging in den Garten, kniete sich auf den großen, rechteckigen Naturstein und versuchte sich zu entspannen. Bis hierhin war er gekommen, sein Traum war lebendig geworden. Endlich in der höchsten Liga mitspielen. Alles war gut gegangen, bis jetzt. Bis zum Crash an der Börse. Einem Tipp war er gefolgt, wider besseres Wissen. Seine Aktien waren ins Bodenlose gefallen, das geliehene Kapital – weg. Der geplatzte Auftrag für die Wohnungen auf dem ERBA-Gelände. Die doppelte Hypothek auf das Haus, der hohe Baukredit. Er hatte sich übernommen. Sämtliche Träume geplatzt, verspekuliert in jeder Hinsicht, erfolglos versucht zu retten, was noch zu retten war. Alles verloren, genauso wie das Geld seiner Mutter.

Katja hatte nichts bemerkt. Beschäftigt mit den Kindern, dem Haus, dem Garten. War immer ohne jegliche Sorgen eingeschlafen. Sie hatte nichts von seinem drohenden Ruin mitbekommen.

Er erinnerte sich daran, wie sie lachend vor ihm gestanden hatte, mit Elly an der Hand. Die Scheckkarte sei wohl kaputt, der Bankautomat hatte sie einfach eingezogen. Leider hätte sie das mit der Bank nicht mehr regeln können, es war ja Samstag gewesen. Er würde das erledigen, hatte er ihr geantwortet, gleich am Montag würde er sich darum kümmern. Montag, der Tag, an dem alle sein Versagen in der Zeitung nachlesen konnten.

Er dachte an die Samurai-Krieger, die an die Gerechtigkeit glauben. Nicht an die der anderen, sondern an die eigene. Für den Samurai gibt es keine Abstufungen in Fragen der Ehre und der Gerechtigkeit. Es gibt nur richtig oder falsch. Der Samurai erhebt sich über die Masse der Menschen, die Angst vor Entscheidungen haben. Er versteckt sich nicht wie eine Schildkröte in ihrem Panzer. Er handelt, und wenn sich dafür keine Gelegenheit ergibt, schafft er eine.

Niemand würde sein Glück zerstören. Niemand sollte ihn verhöhnen. Niemand mit den Fingern auf ihn zeigen.
Es war an der Zeit.

Er hörte Elly in ihrem Zimmer brabbeln. Sie war wach geworden, vielleicht hatte sie schlecht geträumt. Er musste zu ihr gehen, die anderen sollten noch ein wenig weiterschlafen.

Sie stand schon mit der Puppe im Arm in der Küche, als er wieder ins Haus kam. Er nahm sie auf den Arm und kniff sie in die Nase. Zusammen tranken sie heiße Milch, Elly aus ihrer Lieblingstasse. Sie gingen in ihr Zimmer, spielten Vater-Mutter-Kind und Elly lachte. Sie kugelten auf dem Boden herum, bauten ein Zauberschloss. Ein großes Bild wollte sie anschließend noch malen, von dem schönen Garten, den sie hatten. Niemanden, den sie kannte, hatte so einen, auch der Kindergarten nicht. Da gab es noch nicht einmal einen Teich. Sie gähnte, rieb sich die Augen und wurde langsam wieder schläfrig.

Er sang ihr Lieder vor, wiegte sie noch ein wenig im Arm, bis sie eingeschlafen war, und legte sie vorsichtig in das Kinderbett. Er schaute sie an. Ein zufriedener kleiner Engel. Voller Unschuld. Und so sollte es auch sein und bleiben. Er lächelte, nahm das Kopfkissen und schüttelte es auf. Dann drückte er es lange auf ihr Gesicht. Sie würde glücklich schlafen – für immer.

Der wahre Samurai, dachte er, duldet keinen Richter über sich. Die Entscheidung, die er trifft, spiegelt sein wahres Ich wieder. Er ist verantwortlich für die, um die er sich sorgt.

Leise verließ er das Zimmer und ging auf Zehenspitzen den Flur entlang, obwohl er wusste, dass ihn niemand hören würde. Die Tabletten hatten ihre Wirkung getan. Alle schliefen tief und fest. Nur Elly hatte gestern Abend ihren Saft nicht mehr getrunken, deshalb war sie wach geworden. Aber die anderen schliefen. Er hielt kurz inne und atmete durch, ging in das Zimmer von Ben, danach in das von Marie. Auch sie würden ab jetzt für immer schlafen. Für immer ohne jeglichen Makel.

Er musste sich beeilen, sonst würde er seine Aufgabe nicht mehr erfüllen können. Nicht rechtzeitig.

Heute war Montag. Alles vorbei. Zwangsräumung.

Als die ersten Lichtstrahlen durch die Wolkendecke schimmerten, holte er das Messer aus der Schublade.

Symbol tiefer Verbundenheit, aber auch der Trennung.

Endgültig. Liebe und Schmerz.

Behutsam strich er Katjas dunkle Locken aus ihrem Gesicht, sah, wie schön sie war. Nein, sie würden nicht mehr nach einem Spaziergang durch den Hain zusammen an der Buger Spitze stehen und die Gerüche des Flusses in sich aufnehmen, die Sonne auf ihren Gesichtern spüren. Vielleicht woanders, irgendwann, irgendwo, in einer anderen, unendlichen Weite. Er schloss die Augen und sog tief Katjas Duft ein. Ein letztes Mal. Vorsichtig streichelte er ihre Wange, fuhr mit der Hand über ihren Hals hinunter zum Rücken, fühlte die einzelnen Rippen. Das Messer lag warm in seiner Hand. Langsam, fast behutsam stach er zu. Blut floss über das Messer, seine Hände und tränkte das weiße Laken.

Weiß und Rot, dachte er, ein vollkommenes Gemälde.

Rot für Mut, Offenheit und Leidenschaft.

Weiß für Rechtschaffenheit, Aufrichtigkeit und Reinheit.

Er setzte sich auf den kleinen Hocker, sah zu, wie sich das Blut auf dem Laken langsam ausbreitete. Der rote Kreis wurde immer größer. Nein, niemand, den er liebte, sollte die Schande erleben, kein Heim mehr zu haben.

Er ging wieder zurück in den Garten. Zur gleichen Zeit wie jeden Morgen, ein bisschen früher vielleicht, und grüßte die vorbeifahrende Zeitungsausträgerin. Ihren Namen hatte er vergessen.

In der Einliegerwohnung brannte kein Licht. Es würde auch keines mehr angemacht werden. Zumindest heute nicht. Bei seiner Mutter, der er so viel schuldete, war er schon gestern Abend gewesen. Sie hatte ihr schönstes Kleid angehabt, das mit dem Veilchenmuster. Es hatte ihn gefreut. Auch ihr hatte er die Augen für immer geschlossen und einen Rosenkranz in die gefalteten Hände gelegt. So hätte sie es sich gewünscht.

Er stellte sich auf die Straße und nahm Abschied. Haus und Garten strahlten die gewohnte Ruhe aus. Friedvoll. Alles geordnet.

Die Nachbarin winkte ihm zu wie jeden Morgen. Er grüßte zurück und wechselte ein paar Worte mit ihr, die Hände in den Hosentaschen. Ja, heute würde ein schöner Tag werden. An seinen Beinen wurde es warm. Der Kater kam von seiner nächtlichen Streiftour zurück. Er streichelte ihn eine Weile und ging dann zum Auto. Mäxchen würde ein neues Zuhause finden, da war er sich sicher.

Er schaute auf seine Hände, die auf dem Lenkrad lagen. Blutverschmiert. Er legte den Rückwärtsgang ein, fuhr langsam aus der Garage und stellte das Radio an. Mit der Fernbedienung schloss er das Tor.

Guten Morgen, Bamberg. Es ist 6 Uhr 23, und so, wie es aussieht, wird es ein herrlich sonniger Tag ...

Er ließ das Fenster herunter und nahm die hereinströmende warme Morgenluft in sich auf. Bamberg noch einmal inhalieren. In gemächlichem Tempo fuhr er nach Wildensorg und weiter nach Debring, Unteraurach, Waizendorf, Höfen. Beim Anblick des Aurachtals ging ihm das Herz auf. Eine wundervolle Landschaft, sanft geschwungene Hänge, das Getreide auf den Äckern wogte im Wind. Kurz vor Pettstadt fiel ihm der Name der Zeitungsausträgerin wieder ein. Dotterweich. Ein schöner fränkischer Name, dachte er und bog auf die B 505 ein.

Dann drückte er das Gaspedal durch und lenkte das Auto auf die Gegenfahrbahn.

Dirk Kruse

Unser kleines Paradies

»Denk ja an meine Tabletten. Und sieh zu, dass du bald zurückkommst.«

Im Flur verdrehte Margarete die Augen und schlüpfte in ihre Sandalen. »Gegen fünf bin ich wieder da«, rief sie ins Wohnzimmer.

»In zwei Stunden erst? Ich möchte nur mal wissen, was du immer so lange treibst«, murrte er.

»Die Einkäufe erledigen sich nun mal nicht von allein. *Du* willst doch, dass ich immer die günstigsten Angebote nehme. Das dauert eben, wenn ich von Geschäft zu Geschäft laufen muss, bloß damit wir ein paar Cent sparen«, konterte sie.

»Sparsamkeit hat noch keinem geschadet.«

Aber Geiz schon, dachte Margarete, doch laut sagte sie nur »Ja, ja«, um nicht wieder eine Grundsatzdiskussion anzufangen. Sie schnappte sich den Schlüsselbund vom Haken, warf einen prüfenden Blick in den Spiegel und öffnete die Haustür. »Also dann, bis später.«

»Mach endlich die verdammte Tür zu.« Horst raschelte geräuschvoll mit seiner Zeitung. »Es zieht!«

Unten vor dem Mietshaus atmete sie erleichtert auf, obwohl die Luft von Abgaswolken erfüllt war, die aus dem steten Strom der Fahrzeuge hervorqualmten. Sie lebten an einer der großen Einfallstraßen in die Stadt, auf der zu fast jeder Tages- und Nachtzeit dichter Verkehr herrschte. Spazieren zu gehen, hier in dem Lärm und Gestank, war keine reine Freude, trotzdem war Margarete froh, den Fängen ihres Mannes wenigstens für kurze Zeit zu entkommen.

Horst hatte schon immer einen ziemlichen Kontrollwahn gehabt, doch seit seinem Unfall im Betrieb und der daraus folgenden Frühverrentung war es vorbei mit ihrem häuslichen Frieden. Seine Nörgeleien wurden immer unerträglicher. An allem hatte er etwas auszusetzen: am Lärm, den der Staubsauger machte, am Geruch des Blumenstraußes, den sie sich einmal in der Woche gönnte, an der Farbe einer neuen Bluse, die sie im Secondhandshop gekauft hatte. Selbst die falsche geometrische Ausrichtung seiner Abendbrotschnittchen, die sie ihm seit Jahr und Tag schmierte und garnierte, konnte einen seiner Wutanfälle auslösen. Manchmal in der Nacht, wenn sie von seinem Schnarchen geweckt wurde und neben ihm nicht mehr einschlafen konnte, stellte sie sich vor, wie es gewesen wäre, wenn er die Verpuffung in der Fertigungshalle nicht überlebt hätte. Aber dann erschrak sie über diesen Gedanken und strengte sich am nächsten Tag doppelt an, ihm alles recht zu machen.

Margarete eilte durch die Straßen ihres Viertels, hetzte in den Discounter, die Apotheke und zwei weitere Läden und erledigte ihre Besorgungen in Rekordzeit. Doch anstatt mit dem vollen Einkaufskorb nach Hause zurückzukehren, schlug sie den Weg zur nahe gelegenen Versicherungsgesellschaft ein. Die residierte nicht in einem dieser neuen, gesichtslosen Gebäude aus Glas und Stahl, die in der Stadt wie Pilze aus dem Boden schossen, sondern in einem altehrwürdigen Stadtpalais mit Türmchen, Erkern und Giebeln und wildem Wein an der rotbraunen Sandsteinfassade. Das Schönste aber war der parkähnliche Garten des Anwesens, der sich auf der Rückseite hinter hohen, efeubewachsenen Mauern befand.

Sie öffnete die schwere Eichentür und trat durch den Rundbogen in eine andere Welt. Mehrere Kieswege schlängelten sich durch englischen Rasen vorbei an Rosen und Rhododendren, Rittersporn und Ranunkeln. In den Rabatten blühten kühne Kompositionen kunterbunter Kolorierung: orangefarbene Fackellilien neben violettem Gartensalbei, knallgelbe Königskerzen inmitten feuerroter Dahlien. Es gab plätschernde Brunnen, allegorische Steinfiguren, weiß gestrichene Parkbänke und schattenspendende Laubbäume. Ein kleines Eden auf Erden. Margaretes Seligkeitsort. Hierher führten sie ihre kleinen Fluchten aus dem Alltag. Hier fühlte sie sich frei. Hier blühte sie auf.

Zu verdanken hatte sie dieses kleine Paradies den ordnenden Händen von Iris. Vor vier Jahren hatte die Versicherungsgesellschaft diese als Obergärtnerin angestellt, um den alten verwilderten Park zu neuem Leben zu erwecken. Mit zwei Mitarbeitern und sechs Freiwilligen hatte Iris geplant, gegraben, gesät, gepflanzt, gedüngt, gegossen, gejätet, geharkt, gezupft, geschnitten, gestützt und gestutzt und so inmitten der lärmenden Großstadt einen begrünten Ort der Stille und Kontemplation geschaffen. Und sie hatte bei ihren Arbeitgebern dafür gesorgt, dass der Garten, zumindest für ein paar Stunden täglich, auch der Öffentlichkeit zugänglich war. Doch noch war es eine Art Geheimtipp, nicht allzu viele Menschen fanden den Weg hierher. Margarete gehörte zu den treuesten Besuchern, auch wenn sie sich die Zeit dafür stehlen musste.

Sie flanierte langsam über knirschenden Kies, beugte sich ab und zu über eine Blume, um an ihr zu riechen, und grüßte ihre Bekannten aus dem Gartenteam. Sie winkte Elke und Annemarie zu, die Unkraut jäteten, hielt ein kurzes Schwätzchen mit dem zierlichen Rudi, der die Erde zu Füßen der Clematis umgrub, und setzte sich schließlich auf ihre Lieblingsbank. Dort aß sie einen Apfel aus ihrem Einkaufskorb und hielt ihr Gesicht in die warme Nachmittagssonne. Ab und zu schielte sie auf ihre Armbanduhr, um nachzuschauen wie lange sie noch guten Gewissens bleiben konnte. Denn so sehr sie den himmlischen Frieden genoss, wenn sie zu spät nach Haus kam, würde ihr Horst die Hölle heiß machen. Aber es duftete so gut, die Bienen summten und die Sonne schien so warm ...

Sie erwachte, als ein Schatten auf ihr Gesicht fiel. Blinzelnd öffnete sie die Augen und sah in Iris lächelndes Gesicht.

»Hallo Margarete. Ich habe Sie doch nicht geweckt?« Sie schob die Schere, mit der sie verblühte Rosen geschnitten hatte, in den Gürtel zurück. Dort steckte griffbereit ein ganzes Arsenal an praktischen Gartengeräten.

»Aber nein. Ich habe nicht geschlummert, nur ein wenig sinniert«, rechtfertigte sie sich. Die kleinen Notlügen, die sie ihrem Mann auftischen musste, waren ihr so in Fleisch und Blut übergegangen, dass sie manchmal ganz automatisch welche erfand. »Es ist so schön und friedlich hier.« Das nun war allerdings völlig ehrlich gemeint.

Iris setzte sich neben sie auf die Bank, ließ den Blick durch den Park schweifen und fächelte sich mit ihrem Strohhut ein wenig Luft zu.

»Ja, das ist es. Da steckt aber auch viel Arbeit drin. Haben Sie sich meinen Vorschlag noch mal durch den Kopf gehen lassen? Ohne unsere freiwilligen Helfer würde hier gar nichts gehen. Und Sie interessieren sich doch so für Pflanzen.«

»Glauben Sie mir, Iris. Ich würde liebend gern in diesem Garten mitarbeiten. Aber Horst würde das niemals erlauben.« Sie seufzte tief.

Iris legte ihre raue Hand sanft auf Margaretes Arm. »Finden Sie nicht, dass Ihr Mann Sie ganz schön unter der Fuchtel hat? Also, wenn das meiner wäre, dann hätte ich ihn schon längst in die Wüste geschickt.«

Margarete wurde merkwürdig warm ums Herz. Sie war zärtliche Berührungen und aufrichtiges Interesse an ihren Problemen nicht gewohnt. Leise sagte sie: »Er ist manchmal wirklich ein Ekel. Aber was soll ich denn tun? Eine Scheidung kommt nicht infrage. Ich habe doch gar kein eigenes Einkommen.«

»Dann suchen Sie sich eben einen Job.«

»Wer soll mich denn einstellen, in meinem Alter, und ungelernt dazu? Und aufs Sozialamt gehe ich auf keinen Fall. Ich will doch nicht betteln.« Ihre Stimme bebte und ihre Augen brannten. Sie schluckte. Da nahm Iris sie in den Arm, und diese spontane Geste des Mitleids ließ alle Dämme brechen. Margarete weinte, sie heulte Rotz und Wasser an der Schulter der Obergärtnerin, sie ließ ihren ganzen angestauten Kummer einfach herausfließen.

Als sie in ein Taschentuch geschnäuzt, ihre Tränen halbwegs getrocknet und sich wieder etwas beruhigt hatte, sagte Iris nachdenklich: »Das ist allerdings ein Dilemma.« Und nach einer abwägenden Pause fügte sie vorsichtig hinzu: »Haben Sie schon mal darüber nachgedacht, Ihren Mann auf eine andere Art loszuwerden?«

Margarete blickte Iris aus verquollenen Augen ungläubig an. »Wie meinen Sie das?«, flüsterte sie.

Die Obergärtnerin wich diesem Blick nicht aus. »Sie könnten dem Schicksal doch ein wenig nachhelfen. Sagten Sie nicht, dass ihr Mann krank ist?«

»Sie meinen, ich soll ihn umbringen?« Erschreckt über ihre Worte schlug sie die Hand vor den Mund.

»So wie Sie es formulieren, klingt das gleich so radikal«, schmunzelte Iris. »Ich würde es eher eine saubere Lösung für ein kompliziertes Problem nennen.«

»Aber das geht doch nicht.«

»Warum nicht? Sehen Sie sich doch nur mal diesen Garten an. Damit er so schön bleibt, muss hier eine strenge Auslese herrschen. Sträucher müssen geschnitten, Unkraut muss getilgt und Schädlinge müssen ausgemerzt werden. Sonst kann sich das blühende Leben nicht entfalten. Eine Gärtnerin darf da nicht zimperlich sein. Und was für einen Garten gilt, kann ja wohl im Leben nicht verkehrt sein.« Iris zog ihre Schere wieder hervor und ließ sie in der Luft geräuschvoll zuschnappen.

Margarete fuhr zusammen. »Ich kann mich doch unmöglich als Herrscherin über Leben und Tod aufspielen«, wagte sie einzuwenden.

»Tun wir das nicht alle? Jeden Tag? Wenn Sie ein Schinkenbrot mit Radieschen essen, musste dafür ein armes Schwein getötet und unschuldiges Gemüse brutal aus der Erde gerissen werden.«

»Da handelt es sich doch um Tiere und Pflanzen, nicht um Menschen.«

»Um Lebewesen, Margarete. Und Leben ist nun mal endlich. So will es die Natur.« Iris wies auf eines der Beete. »Nehmen Sie nur diese Margeriten dort drüben. Sehen Sie, wie der Bodendecker sie zu überwuchern droht und ihnen den Lebensraum abschnürt? Wenn ich den nicht bald rausreiße, gehen die Margeriten ein.«

»Sie meinen, Horst schnürt mir die Luft ab wie der Bodendecker dort?«, sagte Margarete nachdenklich.

»So ist es, meine Liebe. Eine erfahrene Gärtnerin sieht das auf den ersten Blick. Sie sind dabei zu verkümmern. Wenn Sie leben und sich entfalten wollen, muss Ihr Mann weichen.«

Ein Zitronenfalter flatterte herbei, ließ sich auf Iris Hand nieder und stieg nach kurzer Rast wieder auf in die Luft. Margarete schaute dem Tier gedankenverloren nach. Grübelnd sagte sie schließlich: »Ich weiß ja nicht, Iris. Ich will schließlich nicht im Gefängnis landen. Und wie sollte ich das überhaupt anstellen? Horst ist doch viel stärker als ich.«

»Oh, da machen Sie sich mal keinen Kopf. Ich stehe Ihnen gern mit meinem botanischen Wissen zur Seite. Den anderen habe ich schließlich auch geholfen.«

»Den anderen?« Sie verschluckte sich vor Überraschung, und Iris klopfte ihr besorgt auf den Rücken, bis sie wieder Atem schöpfte.

»Sie sind nicht der einzige Mensch hier, den Sorgen drücken. Elke, die dort hinten Melde ausrupft, ist von ihrem Vater jahrelang missbraucht worden. Er starb einen ziemlich qualvollen Tod nach dem Genuss eines von ihr selbstgemachten Bärlauch-Pestos. Die giftigen Maiglöckchenblätter sehen dem Bärlauch aber auch zum Verwechseln ähnlich. Das hat auch die Polizei eingesehen.«

Iris kicherte vergnügt und zeigte auf den schmächtigen Mann mit der Schubkarre. »Und unser lammfrommer Rudi dort drüben war Opfer häuslicher Gewalt. Ja, das kann auch Männern passieren. Seine Frau wog mindestens doppelt so viel wie er und hat ihn regelmäßig verdroschen. Hier entschieden wir uns für den Klassiker: Einfach ein paar Knollenblätterpilze ins Champignonragout, und er war wieder ein freier Mann.«

Rudi, der bemerkt hatte, dass die beiden Frauen ihn anschauten, nickte ihnen freundlich zu.

»Raffinierter war da mein Plan für Mandy, unseren Lehrling. Die ist heute nicht da, weil sie Berufsschule hat. Ihr Freund hat sie nach Strich und Faden betrogen, und das auch noch ungeschützt, ohne an das Aidsrisiko zu denken. Sein Pech war seine hochgradige Haselnussallergie. Ein leidenschaftlicher Kuss von Mandy mit einer Nougatpraline im Mund, und seine Luftröhre schwoll so schnell zu, dass er es nicht mal mehr geschafft hat, den Notruf zu wählen. Also darauf bin ich wirklich ein wenig stolz.«

Margarete starrte Iris ungläubig an. Es war einfach monströs, was sie ihr da erzählte – aber auch ungemein beeindruckend.

Die Obergärtnerin, die sich nicht um Margaretes Gemütslage zu kümmern schien, war ganz in ihrem Element. Mit einem Ruck erhob sie sich von der Bank und zog ihre Bekannte mit sich fort. Suchend blickte sie sich im Garten um. »Dann wollen wir doch mal sehen, was wir hier für Ihren Horst finden. Was halten Sie von Rotem Fingerhut? Digitalis purpurea wird sogar in der Medizin als Herzmedikament eingesetzt. Aber eine Überdosis kann leicht zum Herzstillstand führen.« Iris hakte Margarete unter und spazierte mit ihr durch den Park. »Brugmansia, die Engelstrompete, ist auch nicht schlecht. Die führt ebenfalls zu Herzversagen, schickt einen vorher aber noch auf einen ziemlichen Rauschgift-Trip. Wenn Sie Ihrem Mann noch was gönnen wollen bei seinem Abgang, sollten Sie sich dafür entscheiden.« Die Obergärtnerin lachte herzhaft. »Und wussten Sie eigentlich, dass auch die Samen der Eibe hochgiftig sind? Wenn er die schluckt, trübt sich zuerst sein Bewusstsein ein, dann folgt der Kreislaufkollaps und schließlich kommt es zum Atemstillstand.«

Sie erreichten den kleinen Hilfsgärtner, der sich auf den Spaten gestützt eine kleine Pause genehmigte. Freundlich zwinkerte Rudi Margarete zu: »Ist es nicht herrlich hier? Unser kleines Paradies.«

Beate Maxian

Tödliche Idylle

Nomen est omen.

Daran hätte ich denken sollen, als ich in die Rosenstraße zog. Die Gegend erschien mir gepflegt und ruhig. Die Fensterbänke der verschiedenfarbigen Reihenhausanlage schmückten Blumenkästen mit Geranien, die Vorgärten waren durch winzige Ziersträucher herausgeputzt. Auf Außenstehende wirkte das Erscheinungsbild wie die perfekte Vorstadtidylle einer Fernsehserie. Auffallend war nur, dass die Straßen der gesamten Wohnsiedlung Pflanzennamen trugen: Nelkenweg, Steingartengasse, Kräuter-Ring. Natürlich fiel mir auf, dass die Gärten sich ähnelten. Jedoch achtete ich nicht weiter darauf. Ein schwerer Fehler. Sonst wäre vieles ganz anders gekommen.

Kaum hatte ich meine Möbel in mein erstes selbst gekauftes Reihenhaus geschleppt und die ersten Kisten ausgepackt, kam meine Nachbarin direkt ins Wohnzimmer spaziert. Die Tür stand offen.

»Flora Herbst«, stellte sie sich vor. Sie war klein, dicklich, trug das zu ihrem Nachnamen passende rotblonde, halblange Haar streng nach hinten gekämmt. Ein weißes, mit Streublumen verziertes Kleid kaschierte ihre Figur keineswegs. Neugierig sah sie sich um, beäugte mein Äußeres und lächelte schief. In der Hand hielt sie einen Korb. »Herzlich willkommen.«

Sie streckte mir den Korb entgegen. Ich wischte meine schmutzigen Finger an der Arbeitshose ab und nahm ihn entgegen. »Ich heiße Rosa.«

»Oh, schön«, rief meine Nachbarin. »Lateinisch ... Die Rose. Ein wunderbares Omen für beste Nachbarschaft. Sie verstehen? Flora und Rosa. Darüber können wir beide philosophieren. Immerhin wohnen wir quasi Tür an Tür.« Sie kicherte.

»Ja«, sagte ich verlegen, weil mir keine bessere Antwort einfiel. Dies schien mir nicht der richtige Augenblick, um meiner bis dahin fremden Nachbarin zu erklären, dass ich eigentlich in diese Gegend gezogen war, um Ruhe zu finden. Ich warf einen Blick in den Korb. Dort lag Grünzeug. »Oh, Pflanzen!« Meine Überraschung war echt. Bisher hatte mir noch niemand Pflanzen für den Garten geschenkt, was sicher auch daran lag, dass ich bisher noch keinen eigenen Garten besessen hatte.

Flora Herbst deutete auf ihr Geschenk. »Das sind Einjährige. Pelargonien, Fuchsien, Fleißige Lieschen und Lobelien. Sieht sehr hübsch aus, wenn Sie sie richtig einsetzen. Wenn Sie wollen, helfe ich Ihnen.«

»Danke.« Ich räumte den Esstisch frei, stellte den Korb darauf. »Ich kann Ihnen leider noch nichts anbieten«, erklärte ich verlegen. »Die Sachen für die Küche sind noch nicht ausgepackt, die Kaffeemaschine ist noch nicht aufgetaucht.«

»Kein Problem. Ich wollte nur Hallo sagen.« Sie ließ die Hand sinken und lächelte in Richtung Katzenkorb. »Sie haben ein Haustier?«

»Ja. Tiffany. Klingt majestätisch, ist aber nur eine ganz normale Hauskatze«, antwortete ich und sah mich um. »Sie muss hier irgendwo sein.«

Noch einmal warf Flora Herbst einen Blick auf meine Umzugskartons. »Haben Sie keine Zimmerpflanzen?«

»Nein. Die habe ich alle in meiner Wohnung gelassen. Es hat sich nicht ausgezahlt, die Dinger einzupacken.« Ich lächelte entschuldigend. »Ich habe keinen grünen Daumen, wissen Sie?«

Das war die falsche Antwort, wie sich später herausstellen sollte.

»Na dann, viel Spaß noch ... Rosa.« Flora Herbst betonte meinen Namen und verschwand, um daraufhin fast jeden

Tag wiederzukommen. Während ich meine Vorhänge auffädelte, legte sie für mich zwei Rabatten mit den mitgebrachten Einjährigen an. »Sie müssen einen Kontrast zwischen leuchtenden Blüten und dem Laub schaffen«, erklärte sie. Danach entfernte sie jegliches Unkraut aus meinem Garten, setzte Rosensträucher, schuf weitere Ziergrünstreifen, schnitt Bäume zurecht, schob Tiffany zur Seite, wenn diese sich im aufgelockerten Erdreich erleichtern wollte. Flora Herbst und meine Katze waren keine Freunde. Mir hingegen bot sie das Du an. Ich schüttelte erfreut ihre Hand und wartete gespannt und schweigend ab, was sich noch so alles ohne mein Zutun in meinem Leben verändern würde.

Mit jedem Tag ähnelte mein Garten mehr und mehr denen der Nachbarn. Zwei Wochen später war mein Haus bewohnbar und mein Garten sowie mein Wohnzimmer bepflanzt, und Flora Herbst brachte mir ein weiteres Geschenk in Form einer achthundert Seiten dicken Pflanzen-Enzyklopädie zusammen mit einer Einladung zu einem Gartenfest.

Das Fest stieg bei Flora auf der Terrasse. Sie achtete mit Argusaugen darauf, dass niemand der Gäste den geschotterten Weg verließ und womöglich den Rasen betrat. Aus Unachtsamkeit beim Bestaunen ihres grünen Reichs. Aber dies hätte so oder so niemand gewagt. Flora Herbst war die Königin der Grünanlagen. Als Gastgeschenk überreichte ich ihr eine Flasche Wein. Meine Nachbarin bedankte sich und stellte diese achtlos zur Seite, um gleich darauf freudestrahlend irgendwelche Gartenzwiebeln in Empfang zu nehmen. Jetzt begriff auch ich. Man schenkte sich im Paradies der Blumenstraßen Dekoratives zum Anpflanzen. Kurz darauf war meine Flasche im Dickicht eines Gemüsesortiments verschwunden. »Da gibt wieder jemand besonders an, mit dem selbst gezogenen Komatsuna.« Neben mir stand eine schlanke Blondine mittleren Alters. »Wir treffen uns vierzehntägig«, raunte sie mir weiter ins Ohr. »Und manche von uns wollen halt immer besser sein als die anderen. Na ja, wer's fürs Ego braucht. Übrigens. Ich heiße Monika.« Sie hielt ein Glas Sekt mit Rosenblüten in der Hand.

»Rosa.« Man war hier unter sich und anscheinend automatisch per Du.

Auch auf ihrem Gesicht breitete sich ein Lächeln aus. »Schöner Name. Ihre Mutter liebt sicher Rosen.« Sie hielt ihr Glas in die Höhe.

»Wahrscheinlich. Aber was zum Teufel ist Komatsuna?«

Monika betrachtete mich einige Sekunden, als wäge sie ab, ob sie weiter mit jemandem reden sollte, der nicht wusste, was für eine Pflanze Komatsuna war.

»Spinatsenf«, erklärte sie schließlich. »Man kann ihn roh oder gekocht essen. Es ist eine sehr ertragreiche, robuste Pflanze. Man braucht sich also nichts darauf einbilden, wenn man so ein Teil mitbringt.« Monika besaß das Reihenhaus auf der gegenüberliegenden Straßenseite. »Das mit den Sonnenblumen vor der Eingangstür.« Sie deutete in die entsprechende Richtung, dann kam sie auf den Spinatsenf zurück. »Wenn jeder von uns so ein Getue um sein Gemüse machen würde ...« Sie schüttelte den Kopf und nahm einen Schluck von ihrem Sekt.

»Gibt es nicht überall Angeber?«

Monikas Kopf schnellte herum. »Bist du auch Pflanzenliebhaberin? Was ist deine Lieblingsblume?«

»Da gibt es einige«, antwortete ich ausweichend, während ich versuchte, in meinem Gehirn einige Blumennamen abzurufen. Gerne hätte ich geantwortet, dass mir als freischaffende Übersetzerin nicht viel Zeit für die Pflege von Garten- und Zimmerpflanzen blieb, dass ich meine Tage und teilweise ganze Nächte über Bücher gebeugt verbrachte. Jedoch war mir klar, dass diese Antwort die falsche sein würde. Die Komatsuna-Besitzerin kam mir zu Hilfe. Überschwänglich begrüßte sie Monika, die es sich wiederum nicht nehmen ließ, ihre Freundin für die großartige Gemüsezüchtung zu loben.

Als sie gegangen war, wandte sich Monika wieder mir zu.

»Wir sitzen meistens hier auf Floras Terrasse. Komm doch öfter dazu. Wir beratschlagen, welches Blumenarrangement wir im nächsten Jahr präsentieren. Wir züchten nämlich nicht nur Gemüse, sondern auch die Blumenzwiebeln selbst, musst du wissen.« Sie zeigte auf ihr Mitbringsel. »Das ist wichtig, damit wir gesunde, krankheitsresistente Pflanzen bekommen und nicht auf dieses hochgezüchtete Glumpert aus dem Ausland angewiesen sind. Außerdem wollen wir das Einheitsbild der Siedlung nicht zerstören. Wie sieht das denn aus, wenn jeder in seinem Garten macht, wozu er gerade Lust hat? Der eine pflanzt nur Rosen, der andere nur Lilien. Der eine mag Kletterer, der andere nur Hecken.« Sie schüttelte den Kopf. »Nein. Nein, das muss schon alles ordentlich aussehen. Jedenfalls ist das Floras großer Wunsch. Das kann manchmal ganz schön anstrengend sein. Für mich natürlich nicht, ich hab ja einen grünen Daumen. Aber andere ... Na ja.«

Schlagartig wurde mir klar, warum Flora meinen Garten höchstpersönlich bepflanzte. Das war keine einfache Nachbarschaftshilfe. Vielmehr wollte die Frau sichergehen, dass auch mein Haus dem optischen Gesamtbild der Siedlung entsprach. Geranien vor und Fuchsien, Pelargonien und all das andere Zeugs hinter dem Haus. Und alles farblich und auf die Nachbargärten abgestimmt. Die Sträucher in gleicher Höhe. Die Sonnenblumen vor der Eingangstür würden garantiert noch folgen.

Genormte Lieblichkeit.

Erst jetzt bemerkte ich, dass unter all den Frauen auch zwei Männer zugegen waren, die soeben angeregt über eine Harke diskutierten, die einer der beiden in Händen hielt. Dies hier war keine normale Party. Dies hier war eine Tupperware-Party ohne Tupperware. Man bestellte Blumenzwiebeln, schaffte sich neue Gartengerätschaften an und unterhielt sich über das Preis-Leistungs-Verhältnis von Kübelpflanzen aus dem Gartenmarkt.

»Du hast erwähnt, dass ihr ein Blumenarrangement präsentiert? Wo denn?«, nahm ich den Faden wieder auf.

Monika richtete sich stolz zur vollen Größe auf. »Unsere Siedlung gewinnt jedes Jahr die Blumenschmuckaktion der Gemeinde. Und das haben wir alles Flora zu verdanken«, erklärte sie gewichtig. »Die Nachbarsiedlung versucht uns jedes Jahr den Preis streitig zu machen.« Sie verzog ihr Gesicht. »Aber was will man schon von einer Wohngegend erwarten, deren Straßen nach Vögeln benannt wurden. Sollen sie sich doch eine andere Disziplin suchen. Vogelstimmenraten.« Monika lachte hämisch auf. »In sechs Wochen ist es wieder so weit. Dann fährt der Bürgermeister mit der Jury durch die Gegend und bewertet jeden einzelnen Garten. Ein sehr wichtiger Tag für uns, obwohl wir uns sicher sind, auch dieses Jahr wieder zu gewinnen.«

»Da macht jeder mit?«

Monika sah sich vorsichtig um, bevor sie antwortete. »Wenn du hier in Ruhe wohnen willst, musst du mitmachen. Floras Wunsch ist sozusagen ein ungeschriebenes Gesetz.«

»Und wenn jemand nicht mitmachen will?«

Ihr Blick genügte als Antwort. Sie leerte ihr Glas Sekt mit einem Schluck. »Auch eines?«

Ich verneinte. »Ich muss jetzt wieder nach Hause, hab meine Sachen noch nicht alle eingeräumt«, log ich. Ich hatte keine Lust mehr auf Gartengespräche.

»Flora hat mir erzählt, dass du eine Katze besitzt.«

»Ja. Eine sehr schöne Katze, mit einem seidigen, schwarzen Fell«, ergänzte ich. »Ich mag Katzen«, sagte ich schwärmerisch. »Sie inspirieren mich, und wenn's mal nicht so gut läuft, beruhigt mich ihr Schnurren. Vielleicht lege ich mir ja eine zweite Katze zu. Eine weiße, als Kontrast ... sozusagen.«

»Katzen graben in der Erde, erledigen ihr Geschäft zwischen den Blumen.«

»Ach so? Tiffany wird sich zu benehmen wissen«, versuchte ich zu beruhigen. »Sie hat ein Katzenklo«, log ich.

»Das hoffe ich, andernfalls ...« Sie warf einen raschen Blick Richtung Flora Herbst. »Es zerstört das Gesamtbild, verstehst du? Es macht sich einfach nicht so gut, wenn Katzenhäuf-chen in den Beeten liegen oder die Pisse braune Flecken auf dem Rasen hinterlässt.« Sie deutete mit dem Kopf in eine bestimmte Richtung. »Das ist Eva. Sie wollte sich einen Hund zulegen.«

»Und?«

»Auch Hundepisse hinterlässt braune Flecken, und sie gra-ben Löcher in den Rasen. Du verstehst?«

Da ich mich irgendwie um ein gutes Verhältnis zu den Nach-barn bemühen wollte, besorgte ich gleich am nächsten Tag tat-sächlich ein Katzenklo und versuchte, Tiffany daran zu gewöh-nen. Lief tagelang in meinem ersten eigenen Garten auf und ab. Bewunderte die Rabatten, betrachtete die Blüten, bestaunte die Anordnung der Pflanzen, weil ich wusste, dass Flora das von mir erwartete, obwohl ich im Grunde keinen rechten Wert auf diese künstlich geschaffene Idylle legte. Tiffany begleitete mich gelegentlich. Zugegeben, sie hinterließ schon mal ein Häufchen im Beet. Ich schob dann auch immer gleich Erde drüber, damit es keiner bemerkte, und redete mir ein, dass es Dünger für meine Pflanzen sei. Das Katzenklo hingegen blieb unberührt.

»Die meisten Einjährigen sehen in größeren Gruppen einer Sorte am besten aus«, erklärte Flora vom Balkon ihres Hauses aus.

»Du hast ein wahres Paradies geschaffen«, heuchelte ich begeistert. Vielmehr gefielen mir naturbelassene Gärten. Irgendwo hatte ich gelesen, dass in einem derart gestalteten Reich kleine Tiere Zufluchtsorte fanden. Aber dieses dunkle Geheimnis behielt ich besser für mich. So viel hatte ich schon gelernt.

Aus dem Augenwinkel bemerkte ich, wie Tiffany sich im Erdreich von Floras Topfpalme auf der Terrasse zu schaf-fen machte. Zum Glück konnte meine Nachbarin dies von ihrem Standpunkt aus nicht sehen. Als meine Katze das Loch zuscharrte, wobei ein Teil der Erde auf den frisch gekehrten Terrassenboden fiel, verwickelte ich Flora in ein Gespräch und behielt Tiffany im Auge. Kaum hatte sie ihr Geschäft erledigt, machte sie es sich auch schon auf Floras Rasen in der Sonne bequem. Jetzt fiel das Tier natürlich auch Flora auf.

»Schau!« Sie streckte ihren Zeigefinger aus. »Wie schön sie aussieht, wenn sie sich so rekelt.« Das war der erste nette Satz, den sie über Tiffany sagte. Vielleicht wurden die beiden ja doch noch Freunde.

»Ja«, bestätigte ich. »Katzen sind wunderschöne Wesen.« Ich verabschiedete mich rasch, winkte und verschwand im Haus. Vom Wohnzimmerfenster aus beobachtete ich, wie Flora die Umgebung mit den Augen scannte. Ihr Blick blieb an meinem Haus hängen. Es schien, als zähle sie bis zehn, dann bückte sie sich und hatte wie aus dem Nichts einen großen Gegenstand in der Hand. Auf den zweiten Blick erkannte ich, dass es sich um einen Stein handelte. Ihre Hand schnellte nach vorn. Der Stein schoss durch die Luft und verfehlte Tiffany nur um Haaresbreite. Ich traute meinen Augen nicht. Meine Katze sprang auf und rannte einige Meter weg, blieb stehen und sondierte die Lage. In diesem Moment flog schon der nächste Stein. Wieder entkam Tiffany nur knapp dem Anschlag. Zum Glück trat sie daraufhin den Rückzug an und strich mir wenige Minuten später schnurrend um die Beine. Gute Katze.

Ich überlegte, wo Flora den Stein so plötzlich hergenommen hatte. Immerhin war sie auf dem Balkon gewesen. Und genau dort musste sie eine ganze Ladung Steine gebunkert haben. Anscheinend hatte sie nicht zum ersten Mal meine Katze attackiert.

In diesem Moment reifte mein Entschluss, der Nachbarwohnsiedlung mit den Vogelnamen zum Sieg zu verhelfen. Flora, die Göttin der Blüte, schoss es mir durch den Kopf. Mit ihrem Garten wollte ich beginnen.

Die Tage kamen und gingen. Immer öfter kam Tiffany mit kleineren und manchmal auch größeren Verletzungen von ihren Streifzügen nach Hause. Da sie, wie ich inzwischen wusste, das einzige Haustier dieser Siedlung war, konnte ich mir lebhaft ausmalen, woher die Blessuren stammten. Den Nachbarn gegenüber verhielt ich mich, als wäre nichts geschehen, grüßte freundlich, ließ stundenlange Vorträge über Pflanzenpflege über mich ergehen, bedankte mich bei Flora, wenn sie die Gestaltung meines Gartens übernahm, weil mir der grüne Daumen fehlte und sie nicht die Blumenschmuckaktion unnötig gefährden wollte.

Dass Tiffany trotz ihrer Wunden eine diebische Freude mit dem aufgelockerten Erdreich hatte, verschwieg ich besser. Die Blumenzwiebeln, die bei ihren Buddeleien zum Vorschein kamen, drückte ich heimlich fest in die Erde zurück. Junge Triebe hielt Tiffany leider für Katzengras. Ich bemühte mich um Schadensbegrenzung. Dennoch entdeckte Flora bei jedem ihrer Besuche einen Schaden, den Tiffany verursacht hatte. »Du musst die Katze weggeben«, riet sie mir. »Sie gefährdet unseren Sieg.«

Ich schüttelte den Kopf. »Tiffany bleibt.« Die giftigen Mittel in Floras Gartenregalen im Keller machten mich zwar leicht nervös, dennoch hoffte ich, dass sie diese nicht gegen meine Katze einsetzen würde. Solange Tiffany nur mit Steinen beworfen wurde, hatte sie eine reelle Überlebenschance. Während dieses Kleinkriegs studierte ich stundenlang meine Garten-Enzyklopädie. Es war an der Zeit, weitere Haustierchen anzusiedeln. Von einem Unternehmen, das Insekten mit der Post verschickte, ließ ich mir Dickmaulrüßlerlarven zusenden. Kein schöner Anblick. Bis zu diesem Zeitpunkt hatte ich nicht gewusst, dass es Tiere, und darunter fallen für mich auch Larven, mit solch einem Namen gab. Die Schädlinge befraßen laut meines Lexikons vorzugsweise Stauden, Zwiebel- und Knollenpflanzen und Einjährige – perfekt für meinen Plan. Außerdem wollte ich Engerlinge auf dem Rasen verteilen, um Vögel anzulocken, die mit ihren spitzen Schnäbeln die begrünten Flächen aufrissen, um an die Leckerbissen zu gelangen. Ich war mir sicher, dass die Jury den Schädlingsbefall bemerken und Minuspunkte vergeben würde. Mit etwas Glück konnte ich es schaffen. Konnte diesem blühenden Elend ein Ende bereiten und damit auch Floras Besuchen in meinem Garten. Wenn ich den richtigen Zeitpunkt wählte und nicht die Nerven verlor, dann würde die Blumensiedlung den Sieg der Blumenschmuckaktion an die Vogelsiedlung abtreten müssen. Die erste Niederlage seit Jahren. Ich nannte die Aktion »Tiffanys Rache«.

In der folgenden Nacht schlug ich zum ersten Mal zu. Ich stieg über den Zaun und setzte die Schädlinge in Floras Garten gezielt aus. Da ich weder eine Ahnung von Pflanzen noch von Nützlingen oder Schädlingen hatte, hoffte ich, dass das Ausmaß der Zerstörung in wenigen Tagen zu sehen war. Zusätzlich hatte ich mich mit Setzlingen ausdauernder Unkräuter eingedeckt: Giersch, große Brennnessel, Gänseblümchen und Löwenzahn, Ampfer. Auch diese Sämlinge verteilte ich im Schutz der Dunkelheit in Floras Garten in den Beeten und Rabatten, tief in der Erde, damit sie nicht sofort entdeckt werden würden. Ich wettete mit mir selbst, dass vor mir noch keine Bewohnerin der Rosenstraße es gewagt hatte, Gänseblümchen und Löwenzahn anzupflanzen. Und bevor Flora Herbst diese Beleidigung in Form weißer und gelber Blütenköpfe bemerken würde, hätte wahrscheinlich die halbe Gegend hinter vorgehaltener Hand darüber getuschelt. Ein Skandal. Immerhin trug Flora die Verantwortung für das Erscheinungsbild der Siedlung und den Preis für die Blumenschmuckaktion.

Tiffany ließ ich nur im Schutz der Dunkelheit durch die Gärten ziehen, hoffte, dass sie jedes Mal gesund und munter von ihren Streifzügen zurückkehrte. Bei all diesen Vorbereitungen lernte ich eine verborgene Seite von mir kennen. Normalerweise war ich ein äußerst umgänglicher Mensch, höflich, hilfsbereit. Doch Flora schaffte es in wenigen Tagen, das Böse in mir zum Vorschein zu bringen.

Es dauerte nicht lange, bis Blüten abfielen, die ersten kahlen Stellen und das Unkraut sichtbar wurden. Und ganz nach Plan war es im Garten meiner Nachbarin am schlimmsten anzusehen, obwohl ich inzwischen auch vereinzelt Sämlinge bei anderen Nachbarn auf dem Rasen und in den Beeten deponiert hatte. Es sollte wie das Ergebnis eines ganz natürlichen Samenflugs wirken.

Die Katastrophe kam schleichend. Anfangs stachen die Bewohner der Blumensiedlung die störenden Ungetüme aus. Jedoch schien es, als habe sich das Unkraut mit unterirdischen Verwucherungen gegen die Blumensiedlung verschworen, denn kaum wurde ein Gewächs mitsamt Wurzeln dem Boden entrissen, tauchte im Gegenzug an einer anderen Ecke der Siedlung ein anderes Unkraut wieder auf.

»Was ist hier los?«, rief Monika händeringend.

»Ich weiß nicht, wo das ganze Zeug herkommt.« Flora klang verzweifelt.

Ab und an schien es mir, als wollten die Nachbarn meine Katze dafür verantwortlich machen. Aber der gesunde Menschenverstand siegte. Wie sollte Tiffany Schädlinge auf Zierpflanzen aussetzen und Unkraut einsäen? Also ließen sie es dabei, mich von der Seite misstrauisch anzustarren. War ich eine von ihnen?

Ja! Ich bemühte mich, eine von ihnen zu sein. Wenn schon meine Zimmerpflanzen aufgrund meines braunen Daumens von vornherein dem Tode geweiht waren, so gedieh zumindest das Unkraut. Es liebte mich nahezu, und ich freute mich, dass es doch noch Pflanzen auf dieser Welt gab, die unter meiner liebevollen Pflege zur Höchstform aufliefen.

Dennoch scharrte ich gemeinsam mit Flora Herbst und ihrem Gefolge zwischen den Rosen, Geranien und Pelargonien herum, jätete Unkraut, bekämpfte Schädlinge – nur um später wiederzukommen und erneut mein Unwesen zu treiben. Die

Meute ging mit schweren Geschützen gegen die unerwünschten Pflanzen vor und versprühte Gift. Tiffany musste im Haus bleiben.

In der Nacht vor der großen Besichtigung durch die Jury ging ich einen Schritt weiter und schnitt den Blumen in den Vorgärten die Köpfe ab. Nun war er endgültig vorbei, der große Traum vom Sieg. Als Flora und ihre Mitstreiterinnen am nächsten Morgen den Schaden sahen, war alles klar. Monika sprach den Verdacht als erste aus. »Das waren diese verfluchten Weiber aus der Vogelsiedlung.«

Der Rest des Tages verging mit Racheplänen. Vielleicht hätte ich irgendwann die Hand erheben und der Wut Einhalt gebieten sollen. Aber die Emotionen rollten schlichtweg über mich hinweg. Schließlich machte sich eine Abordnung mit Spitzschaufeln und Gartenharken auf den Weg in die Nachbarsiedlung. Floras Gesicht war eiskalt, als sie die Blumenschmuckaktion-Verantwortliche aus der Vogelsiedlung eines feigen Anschlags beschuldigte, während ihr Gegenüber alles abstritt.

Natürlich glaubte niemand aus der Blumensiedlung den Rivalinnen ein Wort. Es war, wie es immer war. Die ungeschlagenen Gewinnerinnen sahen nur das, was sie sehen wollten, sie glaubten, was sie glauben wollten. Jedenfalls wäre die Situation eskaliert, wenn nicht genau in diesem Augenblick der Bürgermeister mit der Jury aufgetaucht wäre. Die aufgebrachte Menge ging auseinander, die Jury fotografierte und Monika und Flora redeten auf den Politiker ein. Mit Engelszungen beschworen sie ihn, die Vogelsiedlung wegen Zerstörung der Blütenpracht der Blumensiedlung zu disqualifizieren. Was der Bürgermeister und die Jury als lächerlich abtaten und strikt ablehnten.

An diesem Abend kniete ich noch lange vor meinen Beeten und grub die verstümmelten Einjährigen aus. Ich hörte Flora erst, als sie mich ansprach. »Hast du Lust, auf ein Glas Wein rüberzukommen?«

Sie schien sich beruhigt zu haben, den Misserfolg wie eine Frau zu tragen.

Lust hatte ich nicht, aber ich wollte kein Unmensch sein. Immerhin hatte ich der Blumensiedlung die erste Niederlage seit fünf Jahren eingebrockt. Auch wenn meine Nachbarn keine Ahnung hatten, dass ich die Missetäterin war, regte sich doch mein schlechtes Gewissen. Ich nahm mir fest vor, im nächsten Jahr tatkräftig für die Blumenfrauen aktiv zu werden. Wie's ging, wusste ich ja nun.

Floras Gesicht hatte einen kalten, leidenschaftslosen Ausdruck, als sie mir ein Glas reichte. »Es tut mir leid, dass du unseren Sieg zerstört hast«, begann sie mit einem scharfen Klang in der Stimme.

»Was soll ich getan haben?«, stellte ich mich unwissend.

»Du weißt schon, wovon ich rede. Die Blumenschmuckaktion.«

Schnell blickte ich mich um, hoffte, dass dieses Gespräch keiner der anderen Nachbarn mit anhören würde. Es war niemand zu sehen, und da Floras Haus am Eck lag und direkt an meines angrenzte, musste ein ungebetener Zuhörer schon im Garten stehen, um das Gespräch verfolgen zu können. Ich mimte die Entrüstete. »Du denkst doch nicht etwa, dass ich das mit den Schädlingen und dem Unkraut war?«

»Wer sonst?«, erwiderte Flora. »Ich habe lange darüber nachgedacht. Bevor du hier aufgetaucht bist, lief alles wie am Schnürchen. Wir waren eine eingeschworene Gemeinde. Die Nachbarn haben zusammengeholfen, damit wir diese Aktion gewinnen.« Flora Herbst war nicht dumm. »Du hast keinen grünen Daumen. Das hast du mir selbst gesagt.« Sie lächelte diabolisch. »Du und deine dämliche Katze. Ihr habt Unglück in diese Siedlung gebracht. Wer hat dich bezahlt? Waren's die Vogelweiber?«

Wütend stellte ich mein Glas ab. »Das brauche ich mir nicht sagen zu lassen. Wie kommst du eigentlich auf diese Idee?« Ich musste so lange wie möglich die Beleidigte spielen.

So lange, bis mir einfiel, wem ich die Schuld glaubhaft in die Schuhe schieben konnte.

»Du magst keine Gärten«, blaffte sie verächtlich. »Pflanzen fühlen sich in deiner Gegenwart nicht wohl.«

Unkraut schon, antwortete ich stumm. »Jetzt hör mir mal zu«, sagte ich versöhnlich. »Ich mag Gärten. Ich mag Blumen. Ich liebe sie vielleicht nicht ganz so intensiv wie du oder Monika. Aber ich mag sie. Ich mag es aber nicht, wenn man meiner Katze Steine nachwirft.«

Flora zeigte keinerlei Regung. »Ich werde den anderen morgen mitteilen, was du getan hast. Wenn du klug bist, verschwindest du bis dahin. Deine Möbel werden wir als Pfand behalten, bis du den gesamten Schaden bezahlt hast. Dein Katzenvieh nimmst du am besten gleich mit.«

»Und was, wenn ich nicht gehe?«

Flora sah mich aus eiskalten Augen an. Mit diesem Blick hatte sie auch ihre Konkurrentin aus der Vogelsiedlung bedacht. Diese Frau würde für ihren Garten töten, so viel war klar. Langsam verzog Flora ihr Gesicht zu einem teuflischen Grinsen. »Häuser können brennen, und mit ihnen die Besitzer.«

Ich sah meine Katze aus den Augenwinkeln. Sie hatte es sich zwischen den Sträuchern gemütlich gemacht und beobachtete uns. Auch Flora hatte die Katze wahrgenommen. Sie hatte keinen Grund mehr, vor mir die Katzenfreundin zu spielen. Sie griff sofort nach einem Stein, der am Rand der Terrasse lag. Tiffany, aufgeschreckt von Floras plötzlicher Bewegung, sprintete unter dem Strauch hervor, rannte über die Terrasse und verschwand in der Dunkelheit. Flora hechtete der Katze mit hassverzerrtem Gesicht hinterdrein. Das brachte mich auf eine spontane Idee. Ich folgte Flora. Mein Bein schnellte nach vorne. Hoppla.

Flora fiel.

Ihre Hände nach vorne gerichtet, knallte sie mit dem Kopf auf den Steinboden. Der Arzt sagte später, dass sie sofort tot war. Ein tragischer Unfall.

»Wissen Sie, wie's passierte?«, fragte ein junger Polizist.

Ich schüttelte meinen Kopf, während ich Tiffany das Fell kraulte. »Ich war auf meiner Terrasse, habe die Verwüstungen der letzten Nacht beseitigt.« Ich neigte den Kopf leicht in die Richtung meines Hauses.

Der Polizist sah die Gartenutensilien auf der Terrasse stehen.

»Als ich mit der Arbeit aufhören wollte, hab ich zufällig über den Zaun geblickt und sie da liegen gesehen.«

Der Polizist machte sich Notizen. Kurz darauf wurde Floras Leiche abtransportiert. Monika glaubte fest daran, dass sie der Ärger über die verpatzte Blumenschmuckaktion ins Grab gebracht hatte.

Ich bezweifle, dass die Siedlung mit den Blumennamen jemals wieder eine Blumenschmuckaktion gewinnen wird. Die Nachbarn hatten nach Floras Tod keine Lust mehr, ihre Gärten mit selbst gezogenen Blumenzwiebeln zu bestücken. Seit dem Vorfall macht jeder in seinem grünen Reich, wonach ihm der Sinn steht. Nur die Komatsuna-Besitzerin hält an den alten Regeln fest.

Ich habe Lavendel angebaut, züchte Salbei und Rosmarin. Unter meinen Sträuchern wachsen Brennnesselstauden. Und Eva hat seit drei Wochen einen Hund. Ich finde, die Siedlung hat an Wohnqualität gewonnen. Und Tiffany gefällt es jetzt auch viel besser. Wir haben einen neuen Nachbarn. Er besitzt einen weißen Kater.

Friederike Schmöe

Meine verehrte »Träumende Charlotte«

Ich mochte es nicht, aus meiner Arbeit gerissen zu werden. Gerade noch war ich in die Veredelung der »Träumenden Charlotte« vertieft gewesen. Bei Rosen musste man konsequent am Ball bleiben. Doch dieser Typ da draußen zettelte in meinem Garten einen solchen Rabatz an, dass mir nichts anderes übrig blieb, als nach dem Rechten zu sehen. Jetzt fand ich mich mitten in einer absurden Diskussion und sah mich veranlasst, diese zu beenden, bevor sie zu weitschweifig wurde:

»Du kleiner Scheißer, du weißt ja nicht mal, was sie für dich getan hat!«

Der Wind pfiff über die Ebene. Wir hatten wenige Hügel in unserer ländlichen Gegend. Zwei Gärten, beide weitläufig, einer mit Wohnhaus und Garage, wo ich lebte. Ein zweiter mit Sommerhaus und Scheune. Weit weg das Dorf.

»Für mich getan? Für mich? Für diesen Kackarsch von Bernhöfer hat sie sich ausgezogen. Schlampe, alte! Ich war ihr nicht gut genug! Ein Bonze, einer, der Geld scheißt, musste es für die Lady sein!« Der Typ in Bench-Anorak und Sprungfeder-Sneakers wand sich wie eine Natter.

So begriffsstutzig konnte nur einer von diesen Yuppies sein. Sie wissen schon, Möchtegern-Akademiker, irgendwann mal aufgestiegen, aber immer Kleinbürger geblieben. Volltrottel, wohnhaft im Web 2.0. Ich weiß, wovon ich rede.

Grimmig schob ich die Hände in die Taschen meiner Latzhose. Ich verbarg meine Vergangenheit wenigstens nicht. Würde mir nie einfallen. Bevor ich mit meinem Garten-Blog bekannt geworden war und mit meinen Super-duper-Tipps zur Rosenzucht und -pflege, hatte ich mich als verdammt kleine Sekretärin in einer Produktionsfirma krummgelegt. Aus

Anstalten wie dieser gingen all die dösbaddeligen Filme hervor, mit denen das Fernsehen uns zu Schwachsinnigen umerzog. Dort arbeiteten Vögel, die sich für inspirierte Supertalente hielten. Genies, wie die Welt sie noch nicht gesehen hatte. Dabei waren sie vom Koksen völlig verblödet und brauchten Stunden, um nach einer Linie wieder einigermaßen ins Gleis zu finden.

Damals in der Firma war ich nur die Tippse gewesen. Das hatten sie mich spüren lassen. Deswegen waren mir Knilche wie der mit dem pomadigen Gesicht, der jetzt vor mir im Herbstwind gegen den Schüttelfrost kämpfte, auch so ein Dorn im Auge.

Ich kriegte doch mit, was all die Wochen im Nachbargarten abging. Zuerst dachte ich, die Brünette wäre eine Landschaftsarchitektin. Mein alter Nachbar Bernhöfer hatte ja das angrenzende Grundstück zu seinem dazugekauft. Noch lag es brach. Er hatte vor, seinen Park zu vergrößern. Denn »Garten« konnte man sein Anwesen nicht nennen, dafür war es zu überdimensioniert und zu herrschaftlich.

Dann bekam ich mit, dass die Mademoiselle alles andere als Landschaftsarchitektin war. Dass sie kam, wenn es zu dunkel war, um irgendwas zu vermessen. Und dass sie viel zu kurz blieb, um etwas Anständiges zu arbeiten. Ihr Job spielte sich üblicherweise im Sommerhaus ab, manchmal auch in der Laube. Eine, zwei Stunden. Und finito. Bernhöfer fuhr mit dem Mercedes weg, und meistens nahm er sie mit. Manchmal ließ er sie auch mit dem Rad fahren. Weiß der Himmel, welche Strategie dahintersteckte. Einmal fuhr ich sie auf ihrem Drahtesel fast um, als ich mit dem Wagen heimkam. Eine Schönheit, der schlanke, vollbusige Typ mit dem Extra-Quäntchen Kindchenschema, das bei Männern mittleren Alters wie Bernhöfer die Lefzen wässerte. Es hätte mich gewundert, wenn die Lady nicht anderswo auch noch was laufen hatte. Gegen Bares, verstand sich. Die hätte aus ihrem Body ein Riesenbusiness machen können.

Bernhöfer war es wahrscheinlich völlig egal, ob die brünette Schönheit auch andere Herren seiner Altersklasse glücklich machte. Er besaß die Fähigkeit, sich zu nehmen, wo es etwas zu holen gab und daraus anschließend das Beste zu machen. Deswegen leitete er ein ganzes Firmenimperium. Unsereins war froh, wenn man mit *einem* Job so halbwegs klarkam.

»Sie haben doch keine Ahnung.« Der Typ bibberte. Die Wolken wurden immer dichter. Gleich würde es zu regnen beginnen. Das passte zu meiner düsteren Stimmung.

»Haben Sie sie gesehen?«, fragte er. Sein Gesicht! Der reinste Schmierlappen!

Ich verstand ihn falsch. Ich dachte, er meinte, ich hätte gesehen, wie Bernhöfer und die Brünette ... Na ja klar, das hatte ich gesehen. Mein Equipment war nicht das Schlechteste. Außerdem erstreckte sich mein Garten an Bernhöfers Grundstück entlang. Ein richtiger Cottage-Garten, bunt, viele Kombinationen, wenige Regeln, schmale Wege, viel Grün. Büsche und Stauden statt blankgeputzter Rabatten. Ich mochte es nicht, wenn man die nackte Erde sah. Überall musste etwas wachsen. Deshalb verfügte ich auch über hervorragende Beobachtungspunkte, wo *ich* nicht gesehen wurde.

Bernhöfer bevorzugte stattdessen die englische Variante. Er bemühte sich zumindest darum. Jetzt, im Herbst, erlaubte er mal ein paar Dahlien, unbeaufsichtigt zu wuchern. Wer wusste schon, wie lange diese Freiheit anhielt.

Schließlich hatte Bernhöfer noch die große Scheune. Mir hatte er mal erzählt – in den seltenen Minuten, in denen er sich herabließ, mit seiner nichtswürdigen Nachbarin aus der Unterschicht zu sprechen –, er hätte die Scheune herrichten lassen, um seine Motorräder unterzustellen. Seine Motor*räder*. Plural! Er käme leider selten dazu, mit dem Bike eine Spritztour zu unternehmen. Deshalb hatte ich ihn wohl nie auf so einer Wuchtbrumme gesehen. Später gestand er mir, dass die Scheune für ganz andere Dinge gebraucht wurde. Mir würde dieses Wissen in Kürze sehr zupasskommen. Aber der Reihe nach.

Dass Bernhöfer die Brünette umgebracht hat, schien mir von Anfang an unlogisch. Warum sollte er? Er war all die Girls wieder losgeworden, die er sich per Anzeige besorgt hatte. Keine Prostituierten, sondern wohlerzogene junge Damen, die auf die Uni gingen und ihre Karrieren planten. Ein paar Kröten extra konnten die alle gut gebrauchen. Manche machten das mit Bernhöfer vermutlich auch, um mal was anderes vom Leben mitzukriegen. Es konnte öde sein, bestens behütet in einem liebevollen Elternhaus voller weißer Polstermöbel durch die Tage zu gleiten, mit Mama im Kostümchen und Papa, der am Wochenende Forelle dünstete. Na, nicht dass ich neidisch auf die Kleinkarierten wäre!

Ich war jetzt Unternehmerin. Mein Gartenblog war mein Leben! Ich heimste Preise dafür ein. Meine Tage waren bis zum Bersten ausgefüllt: mit dem Garteln und mit dem Schreiben. Die Angebote, Werbung auf meine Webseiten zu schalten, tröpfelten nicht nur rein, sie überschlugen sich. Jeder Klick zu mir bedeutete bares Geld. Soviel dazu.

Der Pomadige tänzelte immer noch vor mir herum.

»Und? Haben Sie sie gesehen?«, insistierte er. Seine Augen glänzten. Er hatte irgendwas genommen. Gut drauf war er trotzdem nicht.

Ich sagte also: »Ja.« Sollte er sich ruhig ein bisschen quälen. Ich spannte gern Leute auf die Folter. Wusste ja auch nicht, ob er nach *ihr* oder nach *ihnen* gefragt hatte.

Allerdings hatte ich nicht mit seiner Impulsivität gerechnet. Ich hätte es wissen können, die Typen aus der Produktionsfirma waren genauso drauf. Konnten sich einfach nicht unter Kontrolle halten. Stets bemüht, ihre Mitmenschen an die Hunde zu verfüttern.

Er packte mich am Latz meiner Arbeitshose. Die gehörte zu meinem Look, vor allem jetzt, wo es oft regnete: Gummistiefel und Latzhose, drunter ein dicker Troyer.

Sein galliger Atem schlug mir ins Gesicht. Angeekelt verzog ich die Lippen.

»Du hast sie gesehen? Warum bist du nicht zur Polizei gegangen, Alte? Hä?«

»Hallo? Das sind erwachsene Menschen!« Ärgerlich machte ich mich los. »Ich gehöre doch nicht zur Sittenstreife!«

Er starrte mich an. »Aber – jeder hat ein Recht zu leben!«, raunzte er mit erstickter Stimme.

»Zu leben?«, unkte ich. »Na, gestorben bist du ja nicht daran.«

Er kapierte nichts. Ich ehrlich gesagt auch nicht.

»Die wollen Bernhöfer rauslassen. Den Kacker!«

Endlich ging mir ein Licht auf.

»Okay, Kleiner, warte mal. Halt kurz die Luft an. Du denkst, dass Bernhöfer deine Freundin umgebracht hat?«

»Wer denn sonst? Der Staatsanwalt hat es auch gedacht.«

»Klar, weil der Mord auf Bernhöfers Grundstück passiert ist, schien es zunächst mal naheliegend.«

»Blöde ...«, plusterte er sich auf.

»Hast *du* sie umgebracht?«

»Ich? Ich war das nicht!«

Ich zeigte auf seine Hand.

»Der Finger da, dem ging's auch schon mal besser«, bemerkte ich. Um ehrlich zu sein: Da war gar kein Finger mehr. Der linke kleine Finger fehlte. Der Verband entblößte mehr, als er verbarg. Er sah übel aus: selbstgemacht und fleckig.

»Scheiße, Alte!« Der Schmierlappen kam auf mich zu. Ich wich ein paar Schritte zurück. Mit der Robinie im Rücken fühlte ich mich halbwegs sicher.

Er hielt ein Messer in der linken Hand wie einer, der, seit er laufen konnte, die Straßen von Chicago unsicher gemacht hatte. Mit der Klinge nach oben. Dagegen würde selbst meine Arbeitshose nichts ausrichten. Er ist Linkshänder, schoss es mir durch den Kopf. Umso bitterer, das mit dem Finger.

»Ruhig, mein Hübscher«, versuchte ich zu entschärfen.
»Ganz ruhig.«

Seine rechte Hand griff erneut zu. Die Klinge blitzte auf, ich geriet in den Sog zweier wütender schwarzer Augen. Dunkle Strudel, die mich in die Tiefe reißen wollten.

»Wie hast du sie über den Jordan geschickt?«, würgte ich hervor. »Irgendeinen Stein genommen und ihn ihr über die Rübe gekloppt? Das ist deine Methode, wie? Von Nachdenken und Planen hast du noch nie was gehört.«

Die Brünette war erschlagen worden. Aufs Grausamste zugerichtet. Von ihrer Schönheit, die dem dicken Bernhöfer so imponiert hatte, war nichts mehr übrig geblieben.

»Ich habe sie geliebt!« Tränen rannen aus seinen Augen.

»Das sagen sie alle im Zweifelsfall.« Was war schon Liebe. Ich liebte nur Pflanzen. Rosen zumal. Mit ihnen konnte ich was anfangen. Mit der »Träumenden Charlotte«. Und zu der wollte ich jetzt zurück, an den Schreibtisch. Mein Job wartete.

»Ey, Alte!« Sein Arm zuckte.

Es war Notwehr. Schließlich ist es völlig legitim, nicht wie eine Mastsau abgestochen werden zu wollen.

Ich trat ihm mit Schwung in die Eier. Ich hatte das schon mal gemacht. Im Korridor vor meinem Tippsenbüro. Die Kerle da waren manchmal so weit weg von der Realität, dass sie sich an einer alten Tussi wie mir vergehen wollten. Insofern kickte ich ziemlich zielsicher.

Etwas anderes hatte ich gar nicht vorgehabt. Ich wollte eigentlich nur Zeit gewinnen. Der Kerl aber war wirklich selten dämlich, und hatte mit dem Fingerstumpf zu kämpfen, der wahrscheinlich noch nicht ganz verheilt war. Mit einer seltsamen Grimasse drehte er sich um die eigene Achse, presste die rechte Hand an das Ding zwischen seinen Beinen, kullerte zur Seite und stach sich das Messer selbst in den Körper.

Er blutete aus. Sehr viel bekam er davon nicht mehr mit, denn er verlor rasend schnell enorme Mengen an Blut.

Jetzt hatte ich die Entsorgung zu klären. Nichts war es mit der »Träumenden Charlotte« für die nächsten Stunden.

Mein Grundstück kam als Wertstoffhof nicht infrage. Ich war Bernhöfer gegenüber schließlich zu nichts verpflichtet. Im Übrigen wollte ich nicht mit Problemen der Leichenbeseitigung belästigt werden. Der ganze Trouble nur, weil Bernhöfer seinen Garten als Liebesnest nutzte; dies wiederum, weil seine Frau ihn längst in die Pilze geschickt hatte und er sich Brünette, Blonde und Olivhäutige bestellte, ihnen ein paar Monate verfiel und sie dann auswechselte. Diese Mädchen waren ziemlich tough. Musste man erst mal machen, den Bauch beiseite schieben, damit man an den Schwanz rankam. Kein Wunder, dass seine Frau auf Gewichtheben im Bett nicht wirklich scharf war.

Vor ein paar Wochen hatte ich Bernhöfer bei der Zwetschgenernte geholfen. Er hatte Zwetschgenbäume noch und nöcher. Birnen auch, Äpfel sowieso, aber um diese Früchte hatte er sich überhaupt nicht gekümmert. Die wären an den Ästen verfault, wenn ich nicht eingeschritten wäre. In seiner typischen herablassenden Freundlichkeit hatte er mich ernten lassen. Tagsüber hatte ich an meinem Blog geschrieben und nachts Kompott eingekocht. Nennen Sie es Nachbarschaftshilfe. Von dem Kompott wollte er nicht mal was haben.

Im Gegensatz zu den Zwetschgen. Er würde Schnaps daraus brennen, erklärte er. Damals weihte er mich in das wahre Geheimnis seiner Garage ein.

»Sie sagen doch niemandem etwas, nicht wahr?«, biederte er sich an.

»Sie können sich auf mich verlassen, Herr Bernhöfer«, antwortete ich höflich.

»Auf gute Nachbarschaft!« Er streckte mir die Hand hin. Wir waren Nachbarn seit fünf Jahren! Was für ein Trottel. Er brannte schwarz und dachte, er hätte mit mir einen guten Deal gemacht. Die Tante von nebenan schuftete in seinen Augen wie eine Schindmähre. Erntete unter glühender Sonne kiloweise Zwetschgen ab, während er ab und zu mal eine vom

Boden auflas und kaum wieder in die Senkrechte kam, weil ihn der Bauch nach unten zog. Ehrlich, mir tat es nur um die Zwetschgen leid. Natürlich konnte er niemanden offiziell mit der Ernte beauftragen. Nicht, wenn er schwarz brannte. Er würde mir auch gern ein paar Flaschen abtreten, versicherte er, während ich die Früchte schubkarrenweise in die Scheune karrte und in das Fass kippte.

Irgendwann war der Behälter zu drei Vierteln voll.

»Er muss bestens verschlossen sein«, dozierte Bernhöfer. »Die Früchte müssen gären. Bei guten Zwetschgen können Sie sogar ein Jahr warten, bis Sie mit der Destillation beginnen.«

Einen Tag später wurde er verhaftet. Er hatte also noch nicht mit dem Zaubertrankbrauen angefangen.

Während sich der Himmel bedrohlich schwärzte, schleppte ich den Schmierlappen rüber auf Bernhöfers Grundstück. In meinem Garten wollte ich keine Schneisen in den dichten Bewuchs schlagen, also musste ich mich irgendwie zum Zaun durchschlängeln. Bernhöfers sauber aufgeräumter Garten mit breiten Wegen war für meine Zwecke praktischer.

Ich hievte den Schmierlappen zur Scheune, öffnete das Fass und guckte hinein. Schaum dümpelte auf der Maische. Ein saurer Geruch stieg auf. Ich warf einen letzten Blick auf den Typen, bevor ich ihn mit aller Kraft in das Fass wuchtete. Es platschte nicht einmal. Die Masse verschlang den Schmierlappen mit einem leise gurgelnden »Warp«. Ich hatte kurz den Eindruck, er würde aufstöhnen. Ein erleichtertes Aufflackern, als habe er in seinen letzten Minuten erkannt, dass er eine Menge Sorgen los war. Denn eines war mir klar:

Bernhöfer würde doch nicht so blöd sein, die Brünette auf seinem eigenen Grundstück umzubringen. Der Schmierlappen hatte seine Freundin selber umgebracht. Aus Eifersucht. Die Bullen hatten ihn wahrscheinlich schon längst auf dem Zettel. War ja ein klassisches Motiv. Dabei hatte die Brünette das mit Bernhöfer vermutlich für ihn getan. Um ihn aus seinem riesen Haufen Scheiße rauszuholen.

Während ich das Fass wieder sorgfältig verschloss, dachte ich an den Finger. Wie verlor man einen kleinen Finger an der dominanten Hand?

Ganz klar, er wurde einem abgeknipst. Weil man zum Beispiel Schulden hatte. Wegen Drogen. Oder weil man spielte. Und verlor. Und dann hatte man eine Freundin, die sich darum kümmerte. Weil sie zufällig aussah wie Barbie in dunkelhaarig und Männer vom Schlag Bernhöfers an nichts anderes denken konnten als an Titten.

Bernhöfer hatte Kohle. Die Brünette verdiente bei ihm nicht schlecht. Wahrscheinlich hatte sie vorgehabt, so lange weiterzumachen, bis sie den Schmierlappen bei wem auch immer auslösen konnte. Höchstwahrscheinlich hatte sie mehrere Kunden. Die brauchte sie auch, bevor diverse »Geschäftspartner« dem Schmierlappen noch weitere Finger amputierten. So tief konnte eine Frau sinken. Idiotin aus Liebe und Leidenschaft. Wenn sie Grips gehabt hat, dachte ich, hat sie ihre Verdienste durch ein bisschen Erpressung aufgestockt. Immerhin war Bernhöfer verheiratet. Da sollte das eine oder andere Foto Wunder wirken.

Ich verschloss die Scheune. Es begann zu regnen.

Das Blut in meinem Cottage-Garten sickerte in die Erde. Es regnete den ganzen Nachmittag weiter und hörte auch in der Nacht nicht auf.

Wie ich richtig vermutet hatte, wurde Bernhöfer aus der Haft entlassen. Die Beweise reichten nicht aus, und da der Schmierlappen, immerhin der Freund des Opfers, spurlos verschwunden war, fiel der Verdacht umso mehr auf Letzteren. Was sowohl Bernhöfer als auch seine Anwälte freute.

Auch der Schmierlappen hätte kein Alibi für den Mordtag gehabt, erklärte mir Bernhöfer später, als er Zeit fand, für ein paar Stunden seinen Garten aufzusuchen und zwischen Dahlien und Astern tief durchzuatmen.

Ein paar Wochen später, ich hatte den Schmierlappen beinahe vergessen und arbeitete wie verrückt an meinem Blog, tauchte Bernhöfer an einem Sonntag frühmorgens auf, fuhr seinen Mercedes in die Scheune, schloss die Tür und begann mit der Destillation.

Ich tat, als wäre ich nicht zu Hause. Mitunter begab ich mich schon mal zu Bernhöfer rüber, um Hallo zu sagen und ein wenig zu plaudern. Aber augenblicklich erschien mir sein winterfester Garten nicht besonders einladend.

Ich versuchte, mich auf die Zuchttipps zu konzentrieren. Mit der »Träumenden Charlotte« war das nicht so einfach. Sie war eine Rose wie aus dem Bilderbuch; eine richtige Zicke eben. Zu viel Feuchtigkeit ließ ihre Knospen hart werden. Zu wenig Wasser verdarb den Duft. Meine Leser hatten so ihre Probleme mit der holden Schönheit. In der letzten Zeit waren eine Menge Kommentare mit Fragen und Vorschlägen eingegangen, wie den Launen dieser Rose beizukommen wäre. Wenn die »Träumende Charlotte« aber blühte, dann rekelte man sich betört in ihrem Duft und verlor den Verstand beim Anblick ihrer Blüten, die strahlten wie Zimt und Curry im Sonnenuntergang. Unschlagbar.

Drei Stunden nach Bernhöfers Ankunft tappte ich zu einem meiner Beobachtungspunkte hinter der Robinie.

Bernhöfer war in der Scheune zugange. Rauch stieg aus dem Kamin auf. Er destillierte.

Ich kehrte ins Haus zurück und schrieb weiter. Kurz darauf tauchte ein dunkelblauer Wagen auf. Jemand rief nach Bernhöfer.

Polizei.

Bernhöfer kam aus der Scheune. Es gab eine kurze Diskussion. Dann machte sich der Bulle auf den Heimweg. Wegen Schwarzbrennerei würden sie Bernhöfer nicht drankriegen. Er war all die Jahre vorsichtig gewesen. Was für ein Feuerchen in der Scheune brutzelte, ging die Polizei erstmal nichts an.

Bei der Größe des Fasses rechnete ich damit, dass mein allerwertester Nachbar acht bis neun Stunden für gleichmäßige Hitzezufuhr sorgen musste.

Als es dämmrig wurde, stieg kein Rauch mehr aus dem Schornstein.

Ich speicherte meine Texte. Irgendwie war ich mit meiner »Träumenden Charlotte« noch nicht so richtig im Reinen. Ich ging unter die Dusche, goss mir einen Medoc ein und kuschelte mich ins Bett. Der Wind peitschte die Äste des Kirschbaumes gegen mein Fenster. Weit weg, im Dorf, kläffte ein Hund. Ich konnte nicht einschlafen.

Als ich endlich unter der Wirkung des Weines weggedämmert war, klingelte es an meiner Tür. Ich wälzte mich aus den Kissen und stieß dabei das Weinglas um. Fluchend tastete ich nach meinen Birkenstocks. Jemand drückte wie ein Irrer auf die Klingel.

»Verdammt, schon mal was von Nachtruhe gehört?«, polterte ich los. Ich wusste nicht recht, wen ich erwartete, aber eigentlich konnte es nur einer sein in dieser Einöde. Mir schwante Saures.

»Frau ..., Frau ...«

Nicht mal an meinen Namen erinnerte Bernhöfer sich. Das lag wahrscheinlich am Schock.

»Und?«

»Ich ... Sie müssen mir helfen.« Er quetschte sich ins Haus und stieß die Tür hinter sich zu. »Bitte ... helfen Sie mir.«

»So schwerhörig bin ich nun auch nicht.«

Er stürmte in die Küche. Nicht, dass er schon mal bei mir gewesen wäre. Wahrscheinlich fanden die meisten Menschen in Notsituationen instinktiv an die Futtertröge. Er warf seinen schweren Körper auf den nächstbesten Stuhl.

Die Schweißtropfen perlten. »Ich habe heute«, er schüttelte sich, »den Zwetschgenbrand ...«

Weiter kam er nicht. Der Würgereiz war so heftig, dass er sich gerade noch rechtzeitig zur Spüle schleppen konnte.

»Verzeihung«, keuchte er, als er wieder auftauchte.

Ich enthielt mich eines Kommentars und riss das Fenster auf.

»Erklären Sie sich mal ein bisschen genauer!«

»Grmpf ... Destille!«

Jetzt kam es drauf an. Ich setzte das abgebrühteste Pokerface auf, das ich je vor dem Spiegel geprobt hatte.

»Ich muss ausholen«, sagte er. »Ich war fertig mit dem Schnaps. Heute Morgen hatte ich mit der Polizei zu tun, die wollten was abklären. Eigentlich harmlos, aber ich wurde sofort nervös. Ich habe gesessen. Meine Güte, ich habe gesessen. Untersuchungshaft. Schwarzbrennen ist nichts im Vergleich zu ... zu Mord. Aber wenn die Polizei meine Scheune noch einmal unter die Lupe nimmt ...«

»Jetzt drehen Sie mal nicht durch«, gab ich mich cool.

»Jedenfalls ... Ich wollte die Reste sofort entsorgen. Weg mit den Zwetschgen. Ich habe es kaum geschafft, den Behälter bis zum Komposthaufen zu zerren. Aber dann ...« Er kam endlich auf die Idee, das Wasser aufzudrehen und den Inhalt der Spüle abfließen zu lassen.

»Sie müssen mitkommen. Wir müssen ...«

Ich stieß das Fenster zu. Der Gestank seiner Kotze brachte mich fast um. Wahrscheinlich war ich deswegen so erpicht darauf, möglichst schnell aus dem Haus zu kommen.

Wir zogen los. Ich drückte Bernhöfer eine von meinen Taschenlampen in die Hand. Er marschierte voraus. Zittrig tastete sich der Lichtstrahl über den schmalen Weg.

»Haben *Sie* sie umgebracht?«, fragte ich.

Er zuckte zusammen. »Aber – es ist ein Mann!«

»Ich meinte die Brünette.«

»Sind Sie wahnsinnig?« Empört wandte er sich um. »Ich habe sie nicht angefasst.«

»Das glauben Sie ja selbst nicht. Gehen Sie weiter, Mann!«

»Ich habe Charlotte nicht getötet. Wieso hätte ich das tun

sollen? Sie wollte sich ein bisschen Geld verdienen. Wir hatten ein halbes Jahr vereinbart.«

Ich kicherte. »Charlotte? Hieß sie so?«

»Ja. Finden Sie das komisch?«

»Sie wechseln regelmäßig.«

»Haben Sie mich beobachtet?«

»Sagen wir mal, es ist ziemlich offensichtlich.«

»Ich mag die Mädchen. Jedes einzelne von ihnen. Kluge Personen, die wissen, was sie wollen. Mein Sohn ist ungefähr im gleichen Alter und hat keinen Plan, was er aus seinem Leben machen soll. Ein großes Kind. Die Mädchen sind anders. Reifer. Zielstrebiger.«

»Wo ist der Kompost?« Der Lichtkegel meiner Lampe schnitt durch die Dunkelheit.

»Das wissen Sie wahrscheinlich längst.«

»Passen Sie auf, Bernhöfer. Sie werden verstehen, dass ich nicht scharf darauf bin, des Nachts über Ihre Latifundien zu stolpern. Bei den ganzen Leichen, die hier herumliegen.«

Bernhöfer verfiel in Schweigen. Ich hörte ihn neben mir keuchen. Und glauben Sie mir, ich hörte sogar, wie die Schweißperlen auf seine Wachsjacke tropften.

Der Schmierlappen lag in üblem Zustand auf dem Komposthaufen.

»Wo kommt jetzt der her?«, tat ich unbedarft.

»Wenn die Polizei noch einen Toten auf meinem Grundstück findet, bin ich erledigt.« Bernhöfer heulte fast.

»Packen Sie mit an.«

Ich hatte ein bisschen Angst, dass sich das Fleisch von den Knochen lösen würde, wie bei einem gut durchgegarten Huhn. Aber nichts passierte.

Wir stopften die Leiche zurück in den Behälter und verschlossen ihn so gut, als würde eine neue Portion Zwetschgen danach trachten, zu Schnaps werden zu dürfen.

»Und jetzt?« Bernhöfer schnaufte wie eine Lok.

»In meinen Defender.«

Ich hastete zurück auf mein Grundstück und fuhr den Wagen aus der Garage. Das war der unangenehme Teil des Plans. Falls ich überhaupt einen Plan hatte. Warum ich Bernhöfer half, wusste ich nicht genau. Wahrscheinlich, weil ich tief drinnen Angst hatte, man könnte anhand der Leiche des Schmierlappens doch noch rekonstruieren, wann er abgenippelt war. Zu einer Zeit, als Bernhöfer definitiv nicht in der Situation gewesen war, einen anderen ums Leben zu bringen.

Jedenfalls war ich vollkommen überzeugt, dass Bernhöfer nicht der Mörder der Brünetten sein konnte. Aber auch beim Schmierlappen war ich mir nicht mehr so sicher. Wenn es keiner der beiden gewesen war – wer dann?

Ich fühlte mich beobachtet, als ich von der Rückseite an Bernhöfers Grundstück heranfuhr und auf dem Feld tiefe Spuren hinterließ.

Der Behälter landete hinten im Wagen, Bernhöfer auf dem Beifahrersitz.

Wir fuhren nach Norddeutschland. Es begann, heftig zu regnen. Die Autobahn war eine einzige Lagune.

Gegen sieben am Morgen tranken wir Kaffee an einer Raststätte.

»Wie halten Sie das aus?«, fragte Bernhöfer.

»Hauptsache, ich kann mich nützlich machen.«

Ein Streifenwagen fuhr langsam an den Panoramafenstern der Raststätte entlang. In Sichtweite parkte mein Defender. Dank des Regens war der Dreck vom Feld längst abgewaschen.

»Im Gefängnis war es das Schlimmste, die leeren Stunden zu füllen. Ich war nahe daran, verrückt zu werden«, murmelte Bernhöfer.

»Sehen wir zu, dass wir weiterkommen.«

Irgendwo an der Weser hielten wir und kippten das Fass mitsamt Schmierlappen in den Fluss. Es nahm schnell Tempo auf.

Bernhöfer atmete tief durch.

»Wie viel wollen Sie?«

Ich war todmüde. Mit Geld hatte ich nichts am Hut.

»Machen Sie's gut.« Ich stieg in mein Auto und startete den Motor. Für Sekunden sah ich Bernhöfers schockiertes Gesicht im Rückspiegel.

Ich fuhr nach Hause. Als ich mittags gegen eins ankam, vernichtete ich sämtliche Spuren auf Bernhöfers Grundstück, die auf die Geschehnisse der Nacht hinweisen konnten. Von den bereitstehenden Schnapsflaschen zweigte ich mir drei ab. Dann ging ich ins Bett und schlief bis zum späten Abend. Sie werden's nicht glauben: Ich träumte von meiner Lieblingsrose.

Den Beginn der Nacht brachte ich damit zu, einen aktualisierten Beitrag zur »Träumenden Charlotte« zu überarbeiten. Ich postete den Text, probierte den Zwetschger und wandte mich wieder dem Medoc zu.

Drei Tage später tuckerte ein Traktor an meinem Zaun vorbei. Der Bauer pflügte das Feld hinter Bernhöfers Kompost. Besser konnte es nicht kommen. Die Spuren meines Defenders waren damit beseitigt.

Wochen später tauchte die Polizei auf. Man befragte mich zu den erotischen Vorkommnissen auf Bernhöfers Grundstück. Ich gab mich ahnungslos.

Der Gute war seit jenem Abend nur noch einige Male aufgekreuzt. Das Vergnügen an seinem Garten war ihm vergangen. Und dass ich ihn an der Weser einfach so zurückgelassen hatte, verbesserte unser Verhältnis auch nicht gerade.

Dann entdeckte man den Schmierlappen. Der Behälter war irgendwo hängen geblieben, und jemand hatte es für eine gute Idee gehalten, ihn zu öffnen.

Kurz vor Weihnachten wollte die Polizei meinen Defender untersuchen. In der Zwischenzeit hatte ich Zeit gehabt, zu putzen und Vorkehrungen zu treffen.

Sie fanden nichts.

Vor Erleichterung kippte ich mir einen Schnaps hinter die Binde.

Der Fall ging zu den Akten. Bernhöfer schaute vorbei, um mir seinen Garten zum Kauf anzubieten. Wir könnten uns auf einen Freundschaftspreis einigen. Er würde das Land verlassen und seine Firmen von Guernsey aus leiten. »Es herrscht ein schlechtes Klima in Deutschland«, lamentierte er. Er sah aus, als hätte er abgenommen. Ich handelte den Preis herunter und schlug ein. Er überließ mir die restlichen Schnapsflaschen.

An Silvester wachte ich früh auf. Ich wusste nicht, was mich geweckt hatte. Gereizt flitzte ich die Treppe hinunter und riss die Haustür auf.

Die »Träumende Charlotte« strahlte mich an. Ein Bouquet, wie es die Welt noch nicht gesehen hatte. Zimt, Curry, Sonne. Alles zusammen in genau der richtigen Mischung. Starke, samtige Blütenblätter. Dicke Dornen. Der betörende Duft. Eine Karte.

Verehrteste, Sie haben sich sehr professionell verhalten. Wenn Sie mich einmal brauchen sollten – bloggen Sie zum Thema Zwetschgen, Schnaps und »Träumende Charlotte«.

Ich stellte die Rosen ins Wasser und goss Tee auf.

Von Bernhöfer kamen die Blumen nicht. Er war nicht mal imstande, drei Zeilen in einem Gartenblog zu lesen.

Der Schmierlappen schied auch aus.

Ich dachte daran, wie mir Bernhöfer am Weserufer Geld für mein Schweigen angeboten hatte und dass Erpresser gefährlich lebten. Ich sinnierte über Charlotte – nicht die träumende, die tote. Womöglich hatte sie bei ihren Geschäften nicht die nötige Vorsicht walten lassen. Mir sollte es gleichgültig sein.

Von nun an checkte ich meine Texte vor dem Posten automatisch auf die Wörter »Zwetschgen« und »Schnaps«.

Die Akte »Charlotte« blieb für immer geschlossen. Doch für einen friedlichen Nachtschlaf reichte der Medoc seitdem nicht mehr. Ich brauchte was Stärkeres.

Sabina Naber

Von Rasenbetretern und Gummizwergen – eine Farce in neun Szenen

Der Volksgarten ist eine öffentliche Parkanlage an der Ringstraße im 1. Wiener Gemeindebezirk Innere Stadt. Er liegt nahe der Hofburg, dem ehemaligen Stadtschloss der Habsburger. Die Idee der Volksgärten entstand in Deutschland Ende des 18. Jahrhunderts. Diese Parks sollten zur Erholung, Bildung und Erziehung der urbanen Bevölkerung dienen.

1 Pfeiferlmann – das war einmal. Niemals wieder würde jemand wagen, den obersten Parkwächter des Volksgartens mit so einer Bezeichnung zu verulken. Er, als Ex-Soldat eines Jägerbataillons des Bundesheeres, würde mit dieser rücksichtslosen Bagage schon fertig werden.

Adalbert strich seine grüne Uniformjacke glatt. Sie zwickte ein wenig im Schulterbereich und über den austrainierten Oberarmen. Sein Vorgänger hatte einfach nicht genug Format besessen. Sonst wäre niemand so dreist gewesen, die für die Arbeit notwendige Trillerpfeife in Verkleinerungsform als Teil einer Beleidigung einzuführen – nun gut, Pfeife hätte noch schlimmer geklungen. Man musste diesem unbekannten Schmierfinken, der sich bei seinem Zeitungskommentar hinter einem Pseudonym verkrochen hatte, fast dankbar sein. Aber nur fast. Eigentlich hätte man ihn ausforschen und wegen Ehrenbeleidigung verklagen sollen. Denn seit diesem Artikel hatte niemand mehr den Ordnungshüter der Parkanlage ernst genommen. Scherze und plumpe Vertraulichkeiten waren die Folge gewesen. Verbrüderungsszenen. Bis der Mann irgendwann die Augen verschloss, wenn sich jemand auf den frisch gemähten Rasen legte.

Nein, nein, damit war Schluss. Sein Vorgänger war viel zu lasch und zu gutmütig gewesen. Ab sofort würde keine Zeitung mehr Verunglimpfungen veröffentlichen und niemand mehr die Grünflächen betreten. Allein Adalberts Statur machte unmissverständlich klar, dass Denkmalschutz kein Scherz war. An die Parkordnung hatte man sich einfach zu halten. Wo käme man denn hin, wenn jeder täte, was er wollte? Die Regeln hatte sich die Leitung ja nicht ausgedacht, weil ihr langweilig gewesen war, sondern weil die Stadt Wien und der Staat Österreich eine Verpflichtung gegenüber der Öffentlichkeit hatten. Den Park konnten alle Besucher nur genießen, wenn sich alle Besucher auch ordentlich benahmen.

Adalbert nestelte die Trillerpfeife unter seiner Jacke hervor und ließ sie vor seinem Bauch baumeln. Er nahm seinen Kontrollgang auf.

2 Sieben Runden. Brav war ich heute. Langsam gewöhne ich mich wieder ans Laufen. Bald bin ich der *Marathonmann*. Also Frau, natürlich. So, und jetzt noch ein paar Dehnungsübungen. Da, bei der Sandkiste legt sich die Sonne schön hin. Wunderbar. Schulternkreisen, ganz wichtig, wenn man immer viel zu lang in der Redaktion sitzt.

»Bitte verlassen Sie den Rasen.«

Hat der Pfeiferlmann heute seinen schlechten Tag? Nein, ein Neuer. Na toll, beginnt der ganze Zinnober wieder von vorn. Ignorieren. Fingerspitzen zu den Zehen. Und eins und zwei und drei ...

»Gehen Sie von dem Rasen herunter. Aber sofort.«

Wui, ganz ein Scharfer. Langsam aufrichten und freundlich lächeln. »Und wieso?«

»Können Sie nicht lesen? Rasen betreten verboten.«

Dasselbe Spiel wie mit seinem Vorgänger. Mühsam. Egal. Also ruhig den Blick schweifen lassen und ihn dann interessiert anschauen, den aufgeblasenen Gummizwerg. »Aha. Und wie kommen die Kinder dann in den Sandkasten und auf die Schaukel? Fliegen die über den Rasen?«

Ich deute Flügelchen an. Seine Augen werden zu Schlitzen. Aber anders lernen die das doch nie, diese Korinthenkacker. Erbsenzählende Beamtenmulis. Jetzt schaut er den Sandkasten an, den Weg, den Himmel. Ohne ein weiteres Wort dreht er sich um und verlässt den Spielbereich. Der frühere Pfeiferlmann hat wenigstens zugegeben, dass ich mit meiner Logik recht habe. Puh, ist der Neue unentspannt. Egal. Den kriegen wir auch noch hin.

3 Das musste er der Leitung melden. So eine nicht gekennzeichnete Ausnahme untergrub ja komplett seine Autorität. Was für ein Versäumnis! Da hatte man schleunigst zwei neue Wege anzulegen, sonst mussten die Gärtnerkollegen alle zwei Monate Gras nachsäen. Und wie sah das dann aus? Braune Steppe! Wenigstens war dieser Spielplatz weit genug vom Sisi-Denkmal entfernt. Touristen, die ein Anrecht auf Perfektion hatten, verirrten sich in diese entlegene Ecke nur selten. Und der andere Spielplatz?

Adalbert beschleunigte seinen Schritt. Er kannte den Volksgarten in- und auswendig, und doch wusste er akkurat nicht, ob dort bei der zweiten Sandkiste die Betretungslage ebenso unübersichtlich war. Er eilte beim Grillparzer-Denkmal vorbei und strebte über den Platz mit dem Nymphenbrunnen, ließ die Meierei rechts liegen – und atmete auf. Das Viereck mit dem Sand befand sich mitten in einem betonierten Quadrat, an dessen Rändern Parkbänke standen. Niemand hatte auch nur die geringste Ausrede, den Rasen zu betreten. Alles in Ordnung.

Adalbert schlenderte weiter. Als er sich prüfend nach links wandte, sah er gerade noch einen Mann mit riesigem weißem Schnurrbart flink wie ein Wiesel quer über die Beete laufen. Die Ecke der Rabatte mit den Buschrosen übersprang er wie ein Hürdenläufer. Die Gärtnerkollegen hatten Adalbert schon vorgewarnt wegen dieses Renitenzlings, der sich nichts vorschreiben lassen wollte. Seine Tage waren gezählt, heute verließ der Schnurrbart, der wie ein Seehund aussah, den Park Richtung Parlament das letzte Mal unbehelligt. Er würde ihn schon schnappen, den Rosenzerstörer.

Sein Blick fiel auf die Blumenrabatte vor dem Sisi-Denkmal. Drei dicke Frauen in zeltartigen Kleidern quetschten sich posierend zusammen und grinsten Richtung Kaiserin. Dort stand ein Mann in Shorts und Poloshirt und fotografierte sie. Adalbert aktivierte die Trillerpfeife. Sie fuhren erschrocken zu ihm herum. Er wedelte mit der Hand, und sie hüpften wie lahme Rösser vom Rasen, wobei sie entschuldigend die Hände hoben. Das waren sicher Amis. Die waren Recht und Ordnung gewohnt, mit denen gab es selten Schwierigkeiten. Natürlich übersahen sie im Überschwang ihrer Freude, endlich in Vienna, the lovely city of Sissi zu sein, manchmal die kleinen weißen Schilder – die viel zu kleinen weißen Schilder, er musste unbedingt die Anschaffung von größeren anregen – mit den durchgestrichenen Symbolen. Aber nach einer Ermahnung diskutierten sie nie. Nicht so wie diese Joggerin da drüben beim anderen Spielplatz. Auf die musste er ein Auge haben, wie auch auf den Seehundschnauzer.

4 Mein Gott, wie schön die Rosen jetzt wieder blühen. Auf Hochstämmen und in Büschen, überall – wie in Laurins Rosengarten. Eigentlich sollte man allen Touristen sagen, dass sie Wien unbedingt das erste Mal bei der Rosenblüte im Volksgarten erleben müssen. Wow, die riecht aber gut. Aha, eine »Duftwolke«. Sinniger Name. Die Baccara duftet gar nicht. Schade.

»Verlassen Sie bitte den Rasen.«

Nicht schon wieder der grüne Gummizwerg! Der nervt. Freundlich bleiben! »Sicher nicht.« Naja, da habe ich die Freundlichkeit jetzt nur geschrammt.

Er schnappt nach Luft, das höre ich ganz genau. »Also ... das ist ja ...«

»Völlig in Ordnung. Ich rieche einfach nur an den Rosen.«
Blüte herunterbiegen, schnuppern und den Wichtigtuer ignorieren.

»Nein, gute Frau. Das geht nicht. Wenn das jeder machen
würde.«

»Macht aber nicht jeder. Dafür sorgen Sie schon.« Ich kann
nicht anders, ich muss ihn nun doch angrinsen. »Außerdem
haben die meisten Leute so ein schlechtes Riechorgan, dass sie
gar nicht auf die Idee kommen.«

»Reden Sie mich da nicht nieder. Runter vom Rasen. Betreten verboten. Eine zweite Ausnahme gibt es nicht.«

Jetzt nervt er wirklich. Muss ich wohl ein bissel bestimmter
werden und mich vor ihm aufbauen. »Hören Sie, ich rieche an
diesen Rosen seit zwanzig Jahren, so lange lebe ich nämlich
schon in der Gegend. Und ich lasse mir von Ihnen nicht ver-
bieten, das auch jetzt zu tun, Sie Pfeiferlmann.«

»Passen S' auf, was Sie sagen, sonst ...«

»Sonst was? Verhaften Sie mich dann? Geht nicht. Sie sind
doch bloß ein Parkwächter. Pech gehabt.«

Umdrehen, schnuppern. Der Typ vermiest mir den ganzen
Tag.

»Runter, habe ich gesagt!«

Seine Stimme zittert, gleich sprüht mir Speichel in den
Nacken. Widerlich. Wenn ich ihm ausweiche, interpretiert der
Gummizwerg das als Kleinbeigeben. Das darf nicht sein.

Na gut, probieren wir's andersherum. Wieder umdrehen
und lächeln! »Hören Sie, guter Mann, was ist so schlimm
daran, dass ich da stehe und an den Rosen rieche? Erklären Sie
es mir! Wenn ich es verstehe, gehe ich runter.«

»Es ist verboten.«

»Warum?«

Seine Stirn legt sich in Falten. »Denkmalschutz.«

»Denkmalschutz? Die Rosen sind denkmalgeschützt?«

»Der Park. Und alles, was im Park ist.« Er atmet durch und
ist offensichtlich stolz auf seine unbestechliche Logik.

Ich bin ja eigentlich nicht so. Quer über die Beete rennen und dabei die Blumen zertrampeln, das muss wirklich nicht sein. Jogger, die in immer gleichen Bahnen den Rasen neben dem Rosengarten in einen Acker verwandeln, oder Touristen, die ihren Müll irgendwo fallen lassen, kann auch ich nicht leiden. Aber Menschen, die einfach nur an den Blumen schnuppern wollen, oder Familien, die unter den großen Bäumen auf der kühlen Wiese eine Rast einlegen, hysterisch zu vertreiben, das widert mich an. Augenmaß wäre gefragt. Mir ist schon klar, dass dieser grüne, aufgeblasene Gummizwerg nur das Werkzeug von seelenlosen Bürokraten ist und im Grunde nichts dafür kann. Aber da steht er nun mit seinem blinden Ordnungswahn. Und ich kann auch nichts dafür – beziehungsweise dagegen. Dagegen tun. Es überkommt mich einfach.

Ich gebe vor, über seine Worte nachzudenken, und nicke dann. Deute auf ein Grasbüschel. »Das heißt also, dass über diese Grashalme schon Kaiser Franz Joseph persönlich marschiert ist? Das wusste ich nicht, wirklich nicht. Ich bin beeindruckt. So ein alter Rasen! Der muss ja mindestens hundertfünfzig Jahre alt sein! Und ich hab immer gedacht, dass die ganze Fläche hier inklusive Heldenplatz nach dem Krieg ein riesiges Gemüsefeld war. Wie man sich irren kann. Also, meinen Sie wirklich, dass ich gerade denselben Halm und denselben Rosenstamm berühre wie der Kaiser damals?« Zur Veranschaulichung streiche ich über die Baccara.

Er schwitzt. Nicht nur wegen der Maisonne. »Das natürlich nicht. Aber Schluss jetzt mit der Diskussion. Es ist verboten und aus.«

»Sie wissen aber schon, dass Gesetze von Menschen gemacht sind und daher keine in Stein gehauene Gültigkeit besitzen? Man kann sie hinterfragen.«

Er kommt einen Schritt auf mich zu und pumpt seine Muskeln unter der Uniformjacke auf. »Das ist mir scheißegal. Sie verschwinden jetzt, und zwar sofort!«

»Sicher nicht. Das ist ein Volksgarten. Garten des Volkes. Und wie der Name schon sagt, gehört er dem Volk. Das bin auch ich. Und ich rieche jetzt an MEINEN Rosen.«

Sein Gesicht ist inzwischen knallrot. Seine Arme zucken. Wahrscheinlich drängt alles in ihm, mir eine zu kleben, mir den Arm auf den Rücken zu drehen und mich mit einem Fußtritt aus dem Park hinauszubefördern. Soll er. Dann hat er eine Klage am Hals und mindestens so viele Seite 1-Berichte, wie es Zeitungen in Wien gibt. *Sie wollte nur an den Rosen riechen – harmlose Joggerin von Parkwächter misshandelt.* Der kleine Scheißer wird sich wundern. Kann er unbedarfte Parkgäste, die sich zu benehmen wissen, nicht in Ruhe lassen? Gegen die Russen sollte er etwas unternehmen. Zum Beispiel. Die grölen herum, lassen ihre leeren Flaschen dort fallen, wo sie stehen, reißen die Blumenköpfe ab und werfen sie ein paar Meter weiter weg. Diese Randalierer muss man zur Räson bringen. Die haben sich als Touristen noch nicht zu benehmen gelernt. Sind genauso schlimm wie die Deutschen und die Österreicher in den Siebzigerjahren in Italien. Widerlich. Oder in den Achtzigern die Italiener in Wien.

Ja, das werde ich ihm jetzt sagen und ... Er stiert plötzlich zur Burgtheater-Seite. Da flitzt dieser Mann mit dem riesigen Schnauzer Richtung Ausgang. Ja, der ist mir auch schon öfters aufgefallen. Rennt immer quer über die Blumenanlagen. Ein Anarchist, aber harmlos. Quasi ein Bruder im Geiste. Jetzt ist er weg. Der Gummizwerg hat seine Trillerpfeife nicht einmal bis zum Mund gebracht, geschweige denn sich einen Schritt bewegt. Schade, sonst hätte ich jetzt meine Ruhe.

Die ich erstaunlicherweise auch immer noch genieße. Denn der Pfeiferlmann starrt jetzt zur öffentlichen Toilette. Ich starre auch hin, kann gar nicht anders. Denn da hocken, mit heruntergelassenen Hosen und hochgeschobenen Röcken, Fotoapparatträger und stöhnen. Einer trommelt gegen die offensichtlich verschlossene Tür. Und wenn man genau hinschaut ...

»Das gibt's doch gar nicht. Die scheißen einfach in den Park.« Der Gummizwerg sticht mit seinem Zeigefinger immer wieder in die Richtung der Hockenden und schaut mich mit weit aufgerissenen Augen an.

Ich fühle mich als Spiegelung von ihm. Und für den Bruchteil einer Sekunde als seine Verbündete. Auf Rosen scheißen geht nun wirklich nicht.

Er rennt los und bläst mit seiner Trillerpfeife Koloraturen.

Der Wiener Volksgarten liegt auf einem Areal ehemaliger Festungsanlagen, die 1809 von den Franzosen gesprengt wurden. Der Park wurde am 1. März 1823 feierlich eröffnet. Ab 1825 war die Bezeichnung »Volksgarten« gebräuchlich. Verantwortlich für das Konzept des Gartens war Ludwig von Remy. Die streng geometrische Form der Wege erleichterte die Überwachung der Besucher.

5 Die Diagnose war eindeutig. Nachdem die russische Touristentruppe ausgekackt hatte und der Reiseführer wieder des Redens mächtig gewesen war, stellte sich heraus, dass an der Gruppendiarrhö nicht das Essen im *Esterházykeller* oder der Kaffee im *Hotel Sacher* schuld gewesen sein konnte. Denn ein paar Russen hatten dort gar nichts konsumiert, aus Sparsamkeit oder warum auch immer. Das, was aber alle gegessen hatten, waren die Manner-Schnitten gewesen, die ihnen der freundliche Mann mit dem riesigen weißen Schnurrbart offeriert hatte, während er sie fotografiert hatte.

Adalbert taten die Augen weh, so konzentriert ließ er seinen Blick durch den Park schweifen. Der Kerl hatte sich seit dem skandalösen Vorfall nicht mehr blicken lassen. Schlechtes Gewissen? Aber irgendwann würde er den Rasenzertrampler und gemeingefährlichen Touristenschreck erwischen. Auch wenn er Russen und andere undisziplinierte Horden nicht sonderlich mochte, sie waren Gäste in SEINEM Park. Er fühlte sich verantwortlich für sie.

Ja, er würde den Mann zur Rede stellen – auch wenn ihn zunehmend Zweifel quälten. Denn konnten Haselnuss-Schnitten derart verderben, dass sie Dünnschiss auslösten? Konnte der Schimmel so heftig sein, dass die Folgen innerhalb von Minuten eintraten? Merkte man das nicht beim Essen? Das war alles hochgradig dubios.

Adalbert drohte mit erhobenem Zeigefinger einer Frau, deren Hund sich bei einem Zierstrauch gerade in Position für ein großes Geschäft brachte. Mehr an Ermahnung war nicht notwendig. Sie zog ihn an der Leine hoch, sodass er nur mehr mit den Hinterpfoten den Boden berührte. Dabei rutschte ihm etwas heraus. Die Frau zückte sofort das *Sackerl fürs Gackerl*. Adalbert liebte den Werbespruch für die Verwaltungsmaß- nahme, jeden Hundehalter gegen Strafandrohung zur Entfer- nung der Hinterlassenschaften seines vierbeinigen Freundes zu verpflichten. Die Russen aber hatten quasi einen ganzen Fußballplatz verunreinigt und waren ohne Strafe davongekom- men! Dabei hätte das ordentlich was eingebracht, wenn schon öffentliches Urinieren mit bis zu 150 Euro geahndet wurde. Aber leider hatte niemand Anzeige bei der Polizei erstattet. Und er als Parkwächter verfügte bedauerlicherweise nicht über das Recht zum Abkassieren. Das musste sich ändern, wenn so etwas wieder einmal ...

Diese Haselnuss-Schnitten. Da stimmte etwas nicht. Die lästige Joggerin hatte auch nicht überzeugt gewirkt, als die Russen die Angelegenheit leichthin abtaten. War die Süßigkeit etwa präpariert gewesen? Aber das wäre nur im Zuge einer polizeilichen Untersuchung des Mageninhalts herauszufin- den gewesen. Doch warum sollte der Seehundschnauzer die Nascherei vergiftet haben?

6 Da ist er endlich wieder – und der aufgeblasene Gummizwerg hat seinen freien Tag. Der wird sich in den Allerwertesten beißen.

Ganz harmlos schlendert er durch die Gegend, der Schnau- zer. Ich muss die Wahrheit herausfinden.

Ein Zufall war das sicher nicht, denn verdorbene Süßigkeiten schmecken nicht mehr, also isst man sie nicht, auch nicht als unwissender Tourist. Deshalb waren die Manner-Schnitten präpariert. Bestimmt. Und wenn der Schnauzer ein Geheimdienstler ist, der irgendjemandem aus der russischen Gruppe schaden wollte? Dann hat er eine schlechte Ausbildung. Die Aktion hat viel zu viel Aufsehen verursacht und alle gleichermaßen getroffen.

In Deckung bleiben, Mädel, und ihn einkreisen, sonst läuft er dir davon!

Da! Er macht sich schon wieder an eine Gruppe heran. Ich muss ein Foto schießen – wieso verhaken sich Handys in der Jeanstasche, wenn man sie schnell braucht? Mein Gott, ich fasse es nicht, der Schnauzer tut es schon wieder! Das darf doch nicht wahr sein, ich bin live bei einem Verbrechen dabei. Alles dokumentieren! Das wird eine Riesenstory. Mein Durchbruch.

Jetzt essen sie. Er macht noch ein paar Aufnahmen und schlendert davon. Ganz ruhig, wahrscheinlich weiß er, dass der Gummizwerg heute frei hat. Und die Gruppe geht auch gemächlich weiter. Kein Anzeichen von Verdauungsproblemen. Bilde ich mir das alles nur ein?

Er grinst in seinen Bart hinein. Nein, da läuft was. Also hinterher. Gleich habe ich ihn, beim Burgtheater-Ausgang um die Ecke hinter der Tankstelle ist es nicht so einsichtig. Noch drei Meter, noch zwei ...

»Hier geblieben!« Ich presse ihn ans Parkgitter. »Warum vergiften Sie Touristen?«

»Was soll der Scheiß? Lassen Sie mich in Ruh.«

»Ich hab alles dokumentiert.« Ich halte ihm mein Handy unter die Nase.

Er schnappt danach. »Gar nichts haben Sie.«

»Und warum wollen Sie dann mein Handy?«

»Persönlichkeitsrechte! Ohne mein Einverständnis dürfen Sie keine Bilder von mir machen.« Ein ganz ein Gewiefter.

Ich packe seine Hand und schaue ihm mit einem verführerischen Blick tief in die Augen: »Ich bin Journalistin. Wenn Sie mit Ihren Aktionen niemanden umbringen oder schweren körperlichen Schaden zufügen, dann lasse ich Sie weitermachen – was auch immer Sie damit bezwecken. Dafür bekomme ich aber alles exklusiv.« Ein Schuss ins Blaue, vielleicht ist er ja wirklich harmlos, und ich mache mich gerade zur Närrin.

Er rührt sich nicht. Der Ausdruck in seinen Augen erinnert mich an jenen von Jack Nicholson in *Shining*. Aber ich wage es nicht, mich nach Hilfe umzusehen, sonst könnte er mich überrumpeln.

Jetzt umspielt ein Lächeln seinen Mund. »Sie schickt mir der Himmel.«

Ich glaube, ich höre nicht richtig, erst recht, als er zu erklären anfängt.

7 Adalbert zitterte am ganzen Leib. Zum millionsten Mal hatte er den Seehundschnauzer nur aus weiter Ferne gesehen. Das war doch nicht möglich, dass er sich immer genau am anderen Ende des Parks befand, wenn der Rosenzertrampler und Touristenschreck auftauchte! Der Mann richtete sich nach keiner fixen Uhrzeit, er hatte keine favorisierten Eingänge. Sogar die Denkmäler, bei denen er die Touristen ansprach, wechselten: Sisi, Grillparzer oder der Bronzemann beim Theseustempel.

Sollte er ihn ignorieren? Das Darmdebakel hatte sich nicht wiederholt. War er am Ende doch nur ein harmloser Dauerbesucher des Parks, eigenwillig und ein bisschen widerspenstig, einer von denen, die sich einfach an keine Regeln hielten?

Nein, er wollte diesen Mann endlich stellen, er musste ihn stellen, sonst bekam er ihn nie wieder aus dem Kopf. Er dachte an dieses Phantom, kaum dass ein Grasbüschel am Straßenrand in seinen Blick fiel. Beim Einkaufen im Supermarkt, in der Süßwarenabteilung. Natürlich könnte er seine Gärtnerkollegen um Hilfe bitten, oder sogar den Polizisten vom benachbarten Bundeskanzleramt, mit dem er sich mittlerweile angefreundet hatte. Aber das wäre eine Niederlage. Er, der Ex-Soldat, war nicht fähig, einen einfachen Parkbesucher zu stellen und zur Räson zu bringen? Nein, das konnte und durfte nicht sein. Außerdem würde er sich lächerlich machen, wenn er so ein Aufsehen veranstaltete.

Allerdings dachte er mittlerweile auch schon bei jedem Toilettengang an das Phantom, beim Surren jedes Fotoapparats – er musste sich etwas einfallen lassen. Jawohl, musste. Denn mittlerweile wurde er sogar bei seiner Arbeit nachlässig. Erst gestern hatte er für glatte zehn Minuten durch eine auf dem Rasen lagernde Großfamilie hindurchgesehen, nur weil er sich ausmalte, wie er den Seehundschnauzer mit einem Sprung ins Kreuz zur Strecke brachte.

Adalbert starrte in die Fontäne des Springbrunnens, um nicht von renitenten Joggerinnen oder unachtsamen Hundebesitzerinnen abgelenkt zu sein.

Aus welchen Gründen auch immer – er schaffte es nicht, seinem Gegner dichter auf den Pelz zu rücken. Also musste er Distanzwaffen einsetzen. Die Trillerpfeife ignorierte der Mann, bei einem Megafon wäre es wohl genauso. Er brauchte etwas Wirkungsvolleres. Er musste den Seehundschnauzer wie ein wild gewordenes Tier behandeln, was er in gewisser Weise ja auch war. Ein Betäubungsgewehr!

Adalbert holte Luft und sah sich um, ob ihn irgendwer anstarrte. Die ganzen Gutmenschen und Lemminge würden bei seinem Gedanken sicherlich aufschreien, irgendwas von nicht adäquaten Mitteln faseln, aber die hatten ja auch nicht einen ganzen Park zu kontrollieren. Ja, er war im Recht, und es war ein guter, ungefährlicher Plan. Der Mann würde in Ohnmacht fallen, Adalbert würde anhand der Papiere die Personalien feststellen und ihn nachdrücklich ermahnen, eventuell mit einem Bußgeld oder polizeilichen Maßnahmen drohen. Dann würde er endlich wieder gemütlich einkaufen gehen und ruhig schlafen können.

Ein Gewehr war jedoch zu auffällig und, zugegeben, etwas drastisch. Er überlegte weiter. Ein Blasrohr, wie er es bei einem Austauschbesuch in Japan kennengelernt hatte! Natürlich müsste es wesentlich kürzer als ein Fukidake sein, eher wie ein Gehstock.

Blieb noch die Frage des Betäubungsmittels. Er klemmte sich in einem Internetcafé hinter den Computer. Upasbaum, Pfeilgiftfrosch, Liane Curare – und überraschenderweise der gute alte Fingerhut. Das erleichterte die Sache. Er besuchte einen Gärtnerkollegen im Schulgarten Kagran. Seine Handschuhe erklärte er mit einer lästigen Hautkrankheit. Unauffällig riss er ein paar Pflanzen aus und stopfte sie in seinen Rucksack. Nach einer weiteren, etwas längeren Suche im Internet fand er die Anleitung zur Herstellung eines Extrakts vom Fingerhut, das als Pfeilgift geeignet war. Seine Mutter bereitete es ihm zu, weil er ihr versprach, damit gegen die Maulwürfe in ihrem Garten vorzugehen. Mit Materialien aus dem Baumarkt bastelte er heimlich nach Dienstschluss im Bauhof hinter dem Sisi-Denkmal ein Blasrohr. Es war relativ einfach: Alurohr zuschneiden, von innen glatt schleifen, ein Mundstück aus Plastiktrichter und Gummidichtung anbringen – fertig!

Adalbert legte sich auf die Lauer.

8 Sechs Dutzend macht er heute voll, dieser Irre. Aber ich kann ihn verstehen. Immer besser, je öfter ich den Park mit seinen Augen beobachte. Manche Leute benehmen sich wirklich wie Schweine. Eigentlich sollte man in allen Staaten der Welt Touristenzertifikate einführen, ohne die man in einem fremden Land keine Unterkunft bekommt. Das wäre es. Landeskunde, Sprache, Benimmregeln – vor allem letztere würden auch den Ureinwohnern nicht schaden, könnte ich mir vorstellen.

Der Schnauzer wird sie mit seiner Aktion immerhin zum Nachdenken bringen. Seit Frühlingsbeginn schon erteilt er Touristenrowdys mit seinen präparierten Manner-Schnitten eine Lektion. Ein Bekennerschreiben hat er absenden wollen, unbeholfen formuliert. Ich als seine Hofberichterstatterin kann das besser.

Also heute wieder einmal Volksgarten. Und, na bitte, da ist er ja schon, der Schnauzer. So werde ich ihn auch im Artikel nennen. Klingt nach Wachhund. Bewundernswert, seine Routine, die Geschwindigkeit, mit der er zuschlägt: Fotos, Manner, schon ist er wieder im Abmarsch. Kein Parkwächter der Welt hat gegen ihn mehr eine Chance. Und seit er die Dosierung im Griff hat ... Was ist los? Wieso fällt er um? Mitten auf dem Rasen?

Ich muss zu ihm, schnell, bevor der Gummizwerg auftaucht und ihn wegen illegalen Betretens zur Polizei schleppt. Zuzutrauen wäre das dem Wahnsinnigen. Mein Gott, der Schnauzer wirkt ja wie tot! Nein, er ist sicher nur ohnmächtig. Aber es kann auch ein Herzinfarkt sein. Nein, da jammert man vorher ein bisschen. Gehirnschlag vielleicht. Ich muss seinen Puls ...

»Gehen Sie zur Seite.«

Mist, der aufgeblasene Gummizwerg. »Dem Mann ist schlecht.« Die Halsschlagader fühlen ... Was ist denn das? Ich ziehe einen seltsamen Gegenstand aus seiner Haut, gerade noch rechtzeitig, bevor mich ein Schubser auf den Hintern setzt. Also, das ist doch die Höhe! In dieselbe schaue ich auch, um den Parkwächter erhobenen Hauptes anzubrüllen, was ich mir dann aber doch verkneife.

Seine Augen glühen nämlich. »Gehen Sie zur Seite, habe ich gesagt.«

»Nein, ich ...« Ich finde meinen Widerspruch selbst etwas halbherzig.

Der Gummizwerg beugt sich über den Schnauzer und untersucht ihn mit hektischen Bewegungen. Dabei wirkt er fiebrig wie ein Trüffelschwein bei der Arbeit – ein tollwütiges Trüffelschwein, um genau zu sein. Und diese weit aufgerissenen, vom Wahnsinn gezeichneten Augen!

Ich betrachte das Ding in meiner Hand. Eine Nadel mit einem Wollbüschel hintendran. Ein Pfeil! Und neben dem

Gummizwerg auf dem Boden, liegt da nicht ein Stock? Zum Bestrafen der Rasensünder vielleicht, er knurrt mich förmlich an. Aber da ist eine Öffnung. Der Stock ist hohl! Ich höre den Gummizwerg »Scheiße« zischen, wobei er den Ohnmächtigen immer offensichtlicher nach etwas durchsucht.

»Sie haben ihn umgebracht.« Jetzt klinge ich erstaunlich ruhig und cool, wie Al Pacino und Robert de Niro in Personalunion.

Inzwischen tatscht er ziellos auf dem leblosen Körper herum, ziemlich brutal, und wühlt im Gras.

»Suchen Sie etwas? Das habe ich. Mit Ihren Fingerabdrücken drauf.«

Im nächsten Moment erinnere ich mich, dass ich mich beim Fernsehen jedes Mal ärgere, wenn ein Mensch in einer aussichtslosen Position dem Mörder verrät, dass er ihn in der Hand hat. Sehr ungesund, so auch jetzt. Der Gummizwerg wirft sich gar nicht zwergig, sondern mehr wie ein geblendeter Zyklop rasend auf mich und versucht, mir die Nadel abzunehmen, indem er mich windelweich prügelt. Ich kann sie gerade noch in die Erde rammen. Wenn ich das überlebe, mache ich dasselbe mit dem Gummizwerg. Im übertragenen Sinne natürlich. Wofür bin ich schließlich Journalistin?

Titel: Das Volk siegt
UT: Kampf um den Volksgarten entschieden
Gestern ist die Bezirksvorsteherin des ersten Bezirks in Wien vor die Kameras getreten. Sie verkündete, dass der Volksgarten ab sofort wieder für alle Bürgerinnen und Bürger zur freien Verfügung steht. Damit ist ein erstaunliches Kapitel zivilen Ungehorsams zu einem guten Ende gekommen.

Am Beginn der Ereignisse steht der Übergriff eines Parkwächters auf einen harmlosen Spaziergänger, der zu seinem Unglück mitten auf dem Rasen eine Herzattacke erlitt. Er wurde wegen unerlaubten Betretens des Rasens vom Parkwächter ebenso verprügelt wie die zufällig anwesende Mitarbeiterin unseres Hauses, die dem Mann, den er zuvor betäubt hatte, zu Hilfe eilen wollte. Der Mann erlag, wie berichtet, seinen Verletzungen. Diese nicht nachvollziehbare Brutalität löste einen Sturm der Entrüstung aus. Eine aufgebrachte Menschenmenge besetzte wochenlang den Volksgarten, um der Bevormundung ein Ende zu setzen. Lange genug hatte man sich darüber geärgert, nicht mehr auf dem Rasen lagern oder spielen zu dürfen.

Jetzt gehört der Volksgarten wieder den Menschen.

9 Der Gummizwerg ist wieder da! Nein, es ist irgendein anderer Mitarbeiter der Bundesgärtner in einer grünen Uniform. Wenn ich nicht bald aufhöre zu halluzinieren, könnte man glauben, dass er mir abgeht. Das muss aufhören! Er wird nie mehr aus der Psychiatrischen herauskommen. Und da bist du selber schuld dran, Mädel! Ich hätte ihm nicht mit letzter Kraft zuflüstern dürfen, dass er seinen einzigen wahren Bruder im Geiste umgebracht hat. Der Verlust von Lieblingsfeinden, die sich als Seelenverwandte erweisen, muss einen ja verrückt machen.

Tommie Goerz

Der Apfelbaum in Nachbars Garten

Die nachfolgende Geschichte mag vielleicht eigenartig klingen. Sie liegt nun schon ein paar Jahre zurück, aber sie beschäftigt mich immer noch. Deshalb habe ich beschlossen sie niederzuschreiben, in der Hoffnung, dass sie mich dann in Ruhe lässt.

Der Beruf, den ich ausübe, lässt mir viel Zeit. Das war schon immer so. Ich kann die Tage planen und frei über sie verfügen. So bin ich oft und lange unterwegs und streife durch die Landschaft.

Es war wohl Juni gewesen, ein sonniger Tag, an einem Morgen. Ich saß in dem von mir bei Bamberg angemieteten Haus im Erdgeschoss am Tisch, allein, und blätterte mich durch die Zeitung. Große, bis zum Boden reichende Glastüren gehen dort hinaus auf die Terrasse. Ein hölzernes Geländer als Abschluss, eine Treppe hinunter in den gut zwei Meter tiefer liegenden Garten, das Haus war an eine Landschaftsstufe gebaut, Flussböschung vor Tausenden von Jahren. Dort unten eng stehende Büsche um ein vielleicht fünfzehn oder zwanzig Schritte im Karree sich erstreckendes Rasenstück mit einem Zwetschgenbaum in der Mitte, noch eine kleine Landschaftsstufe, dann Bäume und ein Graben. Und dann Weite, flach liegende Wiesen, Gras- und Weideland, begrenzt weit draußen durch den Fluss, die Regnitz. Das war der Blick von meinem Tisch hinaus nach Osten ins Gelände. Es war der Platz, an dem ich täglich arbeitete. Hier sitze ich jetzt und schreibe die Geschichte. Die Morgensonne steht schon über den Kronen der losen Reihe aus Fichten, Buchen, einer Weide.

An einem frühen Abend war ich hinausgefahren an den Rand einer Siedlung am Wald. Ich wollte die Gegend erkunden, das hatte ich mir schon lange vorgenommen. So durchfuhr ich in der beginnenden Dämmerung ein Wohngebiet, langsam und mit suchendem Blick, nach dem Weg, der hineinführte in den Wald. Schließlich fand ich den Durchstich, parkte und lief aufs Geratewohl ein Stück in den abendlichen Wald, kehrte bald darauf aber wieder um. Es war einfach schon zu spät. Und erst bei der Rückkehr zum Auto registrierte ich: Ich hatte am Waldrand vor einem Haus geparkt, das leer stand. Hohes Gras trieb aus den Ritzen der Gartenwege, die Halme im Garten, lange nicht gemäht, waren vertrocknet, und die Fenster wie auch die heruntergelassenen Rollos von Staub und Regenspuren verschmutzt. Ein großer Apfelbaum beherrschte den Garten. Ein Nachbar, wie absichtlich nur schlecht verborgen hinter einem Busch, beäugte mich kritisch und notierte ganz unverhohlen meine Fahrzeugnummer. Natürlich hatte ich mich verdächtig gemacht in so einer Siedlung. So langsam zu fahren, zu schauen, ganz offensichtlich zu suchen. Straßen wiederholt zu befahren. Dann ausgerechnet vor einem verlassenen Haus zu parken, auszusteigen, den Zaun des Grundstückes entlang am Waldrand zu gehen, kurz in den Wald hinein, dann wieder hinaus, erneut am Grundstück entlang. Ich konnte den Mann verstehen. Ich hätte auf ihn zugehen können, ein paar freundliche Worte sagen, was weiß ich. Ich tat es nicht, sondern stieg ins Auto und fuhr davon.

Wenige Tage später war ich wieder dort. Ich könnte nicht sagen, warum. Ich wollte einfach in den Wald, dieses Stück Erde kennenlernen. Ich wanderte herum, es wurde spät, ich nahm die Waldluft auf, genoss die Dämmerung. Ein erstes Käuzchen rief.

Ich hatte mich abseits des Weges auf einen Stein gesetzt und einen Apfel gegessen, da fuhr langsam ein Auto vorbei, ohne Licht. Ein geschlossener Geländewagen, wahrscheinlich der Förster oder Jagdpächter. Zwei Personenschatten in dem

Fahrzeug, und aus irgendeinem Grund merkte ich mir die Nummer. Ich mache öfters Gedankenspiele, erfinde Geschichten rund um Zahlen, die ich mir merken will, ich übe Mnemotechnik. Das Auto knirschte vorbei, dann war es wieder still. Ich aß einen zweiten – meinen letzten – Apfel, rauchte eine Zigarette und träumte vor mich hin. Wie lange? Keine Ahnung. Dann wollte ich gerade wieder los, da kam das Auto zurück, noch immer ohne Licht, verschwand zwischen den Bäumen. Danach verließ ich den Wald. Als ich bei meinem Wagen ankam, war es dunkel.

Zwei Tage später las ich in der Zeitung: Mord im Wald. Pilzsucher hatten in einem Waldteich eine grausige Entdeckung gemacht: Kopfüber steckte ein in einen Drahtkäfig eingepferchter Körper im nur hüfttiefen Wasser. Das Opfer, ein 42-jähriger Mann, hätte in dem Käfig keine Chance gehabt, sich zu bewegen, geschweige denn sich irgendwie zu wehren. Er sei polizeilich bekannt. Die Polizei vermute einen Szene- oder Milieumord. Ob er ertrunken sei oder schon vor dem Einbringen in den Drahtkäfig tot gewesen war, könne erst die Obduktion klären. Dazu ein Bild des Opfers sowie ein Bild des Drahtkäfigs, der lediglich 110 x 40 x 40 Zentimeter messe.

Ich las den Artikel ein zweites Mal. Ich war dort in der Nähe gewesen, keine Frage. Das Auto fiel mir ein. Hatte es damit zu tun? Unglaublich aber war das: Ich kannte das Opfer. Der Tote war in meinem Alter und zwei oder drei Jahre mit mir zur Schule gegangen. Ich hatte ihn sofort erkannt. Beinahe täglich hatte dieser asoziale und widerwärtige Kerl mir und etlichen Klassenkameraden damals das Leben schwer gemacht. Uns aufgelauert, terrorisiert, geprügelt und beraubt. Und immer ungestraft. Hin und wieder einmal war ich ihm in den Jahren danach begegnet, und jedes Mal hatte ich sofort die Straßenseite gewechselt. Ich wollte nichts mit ihm zu tun haben.

Doch es kam noch dicker, und hier wurde es obskur: Ich war mir sicher, auch den Drahtkäfig zu kennen. Ein Zufall. Ich erkannte ihn an den Eckbeschlägen. Sie verstärkten die

Konstruktion und waren auf dem leicht unscharfen Bild deutlich zu erkennen.

Ich machte Kaffee und setzte mich auf die Terrasse. Die Morgensonne schien durch das Geäst des Zwetschgenbaumes und brachte die Blätter zum Leuchten. Licht und Schatten entfalteten diese ganz besondere Wirkung, die nur die tief stehende Morgensonne auf mich ausübt. Ein ganz spezielles Licht. Es lässt mich wie kein anderes oft innehalten, berührt mich tief und besänftigt. Die Luft war noch klar, im Gras glänzte Tau. Satte Tropfen hingen an den Spitzen der Halme. Gänseblümchen wie ein dichter, weicher Teppich, auch Milchsterne in ihrer Blüte.

Den Kaffee in der Hand genoss ich diesen Blick und den Duft aus der Tasse. Ja, ich kannte diesen Drahtkäfig, ich war mir sicher. Ich hatte ihn damals gesehen, eine ziemlich verrückte Geschichte.

Ich war wie so oft einfach draußen gewesen, hatte die Landschaft durchstreift und war an einem Schuppen vorbeigekommen, das war jetzt sicherlich schon zwei Jahre her. Eigentlich war, was damals geschehen war, völlig banal. Das Tor dieses Schuppens stand offen, ich ging vorbei. Im Inneren zwei Männer. Sie wirkten ein wenig überrascht, vielleicht hatte ich mich aber auch getäuscht. Bisher hatte darin ein Wohnmobil gestanden, das hatte ich mehrfach gesehen, weil öfters daran gebastelt wurde. Ich ging meinen Weg weiter eine lange Steigung über eine Wiese hinauf. Aber ich drehte mich noch einmal um. Und im Zurückblicken sah ich: Sie schlossen das Tor. Da erst schöpfte ich Verdacht und mir wurde bewusst, woran sie gebastelt hatten: an einem Gitterkasten – an genau so einem, wie er jetzt in der Zeitung abgebildet war.

Wahrscheinlich war es ja ein Zufall, aber jetzt ging mir die Sache nicht mehr aus dem Kopf. Wem gehörte das Auto im Wald? Wer war der Besitzer des Schuppens? Stand der Gitterkasten immer noch darin oder war es genau der, in dem der Tote gefunden worden war? Und warum hatte man diesen Menschen umgebracht? Das brauchte ja einen Grund.

Ich rief einen Freund im Amt an, erfragte den Besitzer des Wagens. Ich lebe seit meiner Kindheit in der Gegend und kenne überall irgendjemanden. Es sei ein Arzt, er nannte mir Namen, Wohnort und die Adresse der Praxis.

Ich brachte den Besitzer des Schuppens in Erfahrung, ein Bauer aus einem Vorort, und rief dort an. Eine Frau war am Apparat. Ich fragte nach dem Schuppen. Ob er zu mieten sei.

Nein, er sei bereits vermietet, und zwar auf lange Zeit. Sie nannte den Namen des Arztes.

Ich blickte auf den Garten und dachte nach. Was wusste ich inzwischen? Das Auto, das ich gesehen hatte, gehörte einem Arzt. Den Drahtkorb, den ich auf dem Zeitungsbild zu erkennen glaubte, hatte ich in einem Schuppen gesehen, den dieser Arzt nutzte. Aber ich konnte mich auch täuschen. Stammte der Korb wirklich von dort? Und dann war da die Frage des Mordes. Warum, gesetzt den Fall, der Arzt hätte etwas damit zu tun, brachte dieser einen Menschen um? Ich wollte Antworten. Das Einfachste war wohl, sich diesen Schuppen einmal genauer anzusehen.

Am nächsten Morgen weckte mich der Wecker um vier, vorm Fenster noch dunkles Grau, sehr früher Morgen. Ich schlüpfte in meine Kleider, packte den kleinen Rucksack in den Fahrradkorb und machte mich auf den Weg. Ich musste einen Blick in den Schuppen werfen. Eine halbe Stunde, dann wäre ich dort. Und dann? Ich merkte, dass ich keinen Plan hatte. Wie sollte ich das anstellen? Es war ja schließlich ein Einbruch. Ich musste also versuchen, möglichst unauffällig vorzugehen. Sollte ich mit dem Rad ganz bis zum Schuppen fahren, wie selbstverständlich, und dann einfach hineingehen? Ganz sicher war er abgeschlossen, also müsste ich ihn aufbrechen. Oder sollte ich den Spaziergänger mimen, aus dem Wald gegenüber kommen, die Wiese durchqueren und dabei den

Schuppen erst mal sondieren? Was, wenn jemand in der Nähe war? Doch alles Spekulieren half nicht weiter.

Ich wählte die Spaziergänger-Variante, sie schien mir sicherer. Kaum zu glauben, wie aufgeregt man bei so einer Aktion sein konnte! Mir raste das Herz. Langsam ein- und ausatmen, das war mein Trick. Jetzt aber, im Gehen, half das nicht viel. Schräg zum Hang querte ich die frisch gemähte Wiese. »Ist dir klar, was du da tust?«, fragte ich mich und erreichte den Schuppen. Das Tor war, natürlich, abgesperrt. Nun musste ich also einbrechen. Ich sah mich um. Niemand zu sehen. Die Schrauben herausdrehen, dachte ich, mit denen der Riegel befestigt ist, denn das Schloss konnte ich nicht knacken, das war zu massiv. Außerdem würde der Einbruch dann entdeckt werden. Mit zittriger Hand holte ich den Schraubenzieher aus dem Rucksack, setzte ihn an. Immer wieder rutschte ich ab. Durchatmen! Es half. Ich setzte erneut an. Weich glitten die Schrauben nach einem ersten Rucken aus dem Holz, es war wohl morsch. Nur die letzte klemmte, ihr Kopf drehte durch. Ich hebelte sie heraus. Dann war der Riegel lose. Noch einmal sah ich mich um. Niemand zu sehen zu dieser frühen Stunde. Nur von Ferne das Geräusch eines Autos, wahrscheinlich von der Straße. Schnell hinein. Ich zog. Der große Flügel des Tores klemmte leicht, dann ging er knarrend und quietschend auf. Ein kurzer Blick: keine Gitterkästen. Der Schuppen war aufgeräumt und leer. Nur sauber gekehrter Boden. Ich schwitzte. Ich hatte alles gesehen, verschloss wieder die Tür. Jetzt nur die Ruhe bewahren. Die Schrauben wieder einsetzen. – Geschafft! Nichts wie weg!

Vor sieben war ich wieder daheim. Sofort nahm ich die Zeitung aus dem Kasten. Der Mordfall beherrschte den Titel. Die Polizei stehe vor einem Rätsel. Das Opfer sei tatsächlich ertrunken. Die Polizei habe eine fünfköpfige Sonderkommission gebildet, die den Mordfall untersuche. Ein früher Pilzsucher ... die Leiche gefunden ... laut Autopsie ertrunken. Zum Todeszeitpunkt unter Drogen ... kein Hinweis auf Herkunft des Metallgitterkorbes ... kaum verwertbare Spuren ... Hämatome ... mit Gewalt in den Käfig gesteckt ... mindestens zwei Täter ... wahrscheinlicher Todeszeitpunkt zwischen 20 und 22 Uhr ...

Ich zwang mich, langsamer zu lesen. Nachforschungen im Umfeld des Opfers, in dem man den oder die Täter vermutete, hätten noch keine Spur ergeben. Man habe aber noch nicht alle Personen befragt.

Mir schwirrte der Kopf, ich musste mich kurz setzen. Dann machte ich Kaffee.

Um acht klingelte es an der Tür. Ein älterer Herr. Ich kannte diesen Mann, hatte ihn schon gesehen. Dieses weiche, zurückhaltende Gesicht. Das war der Alte vom Haus dort aus der Siedlung! Ich ließ mir nichts anmerken. Sah ihn fragend an.

Er trat einen Schritt zur Seite, deutete nach draußen, hin zur Straße. Ob dieses Auto, das schwarze, meines sei?

Was diese Frage sollte? Ich wurde misstrauisch.

Er nannte meinen Namen, fragte noch einmal, ob es mein Auto sei. Und ob ich allein wäre und er hereinkommen dürfe?

Um was es gehe, fragte ich.

Der Alte lächelte. Er wirkte freundlich, kein bisschen böse, stellte sich vor. Er wohne draußen in dem Vorort. Ein Haus direkt am Waldrand.

»Ja, und?«, entgegnete ich ahnungslos.

Ich sei doch dort gewesen, sagte er. Habe vorm Nachbargrundstück geparkt.

Bei dem leer stehenden Haus? Das stimme.

Der Alte nickte. Er sei der Nachbar. Und wurde ernst. Ob er jetzt dürfe ...? Er machte einen Schritt nach vorn. Wollte herein.

Nicht einen Millimeter wich ich zurück. Ich sei an diesem Haus nicht interessiert, wenn er das meine. Und überhaupt – ob ich ihn fragen dürfe, wie er an meine Adresse gekommen sei? Sie stehe doch nicht auf dem Auto, oder?

Der Alte lächelte, sprach von Beziehungen.

Wie er denn dazu käme, mir nachzuschnüffeln? Aus welchem Grund? Mit welchem Recht?

Der Alte trat einen Schritt zurück, deutete eine Verbeugung an. Es täte ihm leid. Ich möge den Vorfall vergessen. Möge die Störung doch bitte entschuldigen. Er ging.

Was war denn das gewesen? Hinter dem Vorhang stehend beobachtete ich, wie der Alte davonfuhr. Ein grauer Benz /8, fast schon ein Oldtimer. Was hatte er gewollt? Ich stellte mir diese Frage, wieder draußen auf der Terrasse, die Füße auf der Balustrade. Es war gerade still im Garten, nur die Meisen waren unterwegs auf Futterflug, unten irgendwo im Gebüsch schimpfte eine Amsel.

Wie hieß der Alte noch mal? Ich notierte mir den Namen. Was hatte er gewollt? Keine Ahnung. Hält er mich für den Mörder? Wollte er mich vielleicht gar erpressen? Aber wäre er dann einfach so vorbeigekommen? Ganz sicher nicht – nein. Er hielt mich nicht für den Mörder, das spürte ich. Was aber dann?

Das Telefon. Ich hatte kurz geschlafen, war eingenickt auf meinem Sofa. War ja auch schon seit vier Uhr auf.

Das Telefon klingelte immer noch.

Ich nahm den Apparat, sah aufs Display. Es zeigte die Nummer nicht an. Nahm ab. Meldete mich mit einem »Guten Tag?«.

Am anderen Ende der alte Herr.

Schon wieder? War er wohl schon daheim? Hatte ich so lange geschlafen? Ich sah auf die Uhr. Eine gute halbe Stunde war vergangen.

Er sei vorhin bei mir gewesen.

Ich hörte nur zu.

Er wolle mich noch einmal um Entschuldigung bitten. Er würde sich gerne erklären.

Ich hörte weiter zu.

Er brauche nur eine Minute. Ich sei doch vor ein paar Tagen bei ihm in der Straße gewesen, da habe er mich gesehen.

Und ... Er stockte. Offenbar wusste er nicht, wie weiter. Er setzte neu an, bat mich, jetzt nichts Falsches zu denken, ihm einfach zuzuhören.

Pause.

Ich wartete.

Ich hätte doch sicher von dem Mord gelesen, dem Mord im Markwald.

Also doch!

Er glaube nicht ... nein: Er sei sich ganz sicher, dass ich nichts damit zu tun habe. Er wolle mir das auch nicht unterstellen, es solle auch nicht so klingen. Er bat mich, ihm das zu glauben, ihm das so abzunehmen. Aber er habe mich am Abend des Mordes noch einmal gesehen. Besser gesagt in der Nacht. Ich sei Auto gefahren, hinten am Wald.

Jetzt war ich äußerst gespannt. Was würde kommen? Was wollte der von mir? Ich atmete durch.

Ich solle wissen, sagte er, seine Frau sei tot, er wohne am Wald, habe nicht viel zu tun – da würde man vielleicht ein bisschen komisch. Ich möge ihm das nachsehen. Er sei am Abend des Mordes unterwegs gewesen. Und habe durch Zufall etwas beobachtet. Und jetzt habe er einen bestimmten Verdacht.

Er machte ein Pause. Ich blieb weiter stumm.

Er hätte mich, falls ich das gewesen sei, dort im Wald, gerne gefragt, ob auch ich etwas Seltsames gesehen habe.

Jetzt hakte ich ein. Warum er nicht zur Polizei gehe?

Am anderen Ende der Leitung Schnaufen.

Er hätte erwartet, dass ich das frage. Aber ob ich schon einmal bei der Polizei gewesen sei? Nur mit einem vagen, aber ganz ungeheuerlichen Verdacht? Und auch noch gegen einen Nachbarn, besser gesagt einen Freund?

Er schwieg.

Ich wartete ab.

Der Alte aber schien fertig zu sein mit seiner Erzählung. Er wirkte erschöpft, sein Atem ging schwer.

Ich fragte ihn, wo wir uns treffen könnten. Es kam mir vor, als hätte ich es schneller gesagt als gedacht. Egal.

Ob ich den Weiler im Norden kenne?

Am Weiher?

Im Garten bei dem Gasthaus.

Er dankte mir. Es klang ehrlich, auch eine Spur erleichtert.

Ich erreichte das Dorf. In einem Stall muhten Kühe, ihre Ketten klirrten. Schwalben flogen durch gekippte Stallfenster ein und aus, schossen durch die Lücken. Für einen kurzen Atemzug auch der scharfe Geruch von Schweinen. Der alte Benz stand schon da. Ich trat in den Biergarten am See. Stühle standen unter Bäumen, einige Gäste saßen im Schatten beim Bier. Drüben am Rand: der Alte. Er hob die Hand, stand auf. Mir klopfte das Herz. Irgendwie wünschte ich mich aus der Sache heraus. Was machte ich hier?

Der Alte begrüßte mich. Dann saßen wir eine Weile schweigend. Ich bestellte Wasser, der Alte Bier. Obwohl es ruhig war am See, gab es doch viel zu beobachten. Die Schwalben dicht über der Wasseroberfläche, die hängenden Äste der Trauerweide am anderen Ufer, wattige Weidensamen, die im leichten Wind trieben und sich auf der Wasseroberfläche verfingen.

Schließlich fragte mich der Alte, ob ich die Person sei, die im Wald gewesen war.

Ich nickte.

Er sei auch im Wald gewesen, das habe er mir ja bereits gesagt. Ob er mich fragen dürfe, was ich dort getan habe?

Was das zur Sache täte? Ich war nach wie vor misstrauisch.

Nichts. Es gäbe für mich natürlich keinen Grund, es ihm zu offenbaren.

Er sagte offenbaren, nicht sagen. Er dachte über seine Worte nach, wählte sie aus, schmiss sie nicht einfach hin, wie so viele. Das machte ihn sympathisch.

Ich sei oft draußen. Ich hätte den Abend erleben wollen, die Dämmerung im Wald. Ob das zu romantisch klänge?

Aber nein. Doch wünschte er, wir kämen zur Sache. Wie lange ich circa im Wald gewesen sei?

Das könne ich nicht genau sagen. Auf jeden Fall bis nach Sonnenuntergang, fast bis in die Dunkelheit hinein, vielleicht bis zehn.

Ob er mich fragen dürfe, ob ich etwas wahrgenommen hätte. Etwas Ungewöhnliches vielleicht?

Nein, eigentlich nicht. Nur der Förster sei vorbeigefahren, einmal hin und einmal zurück. Wahrscheinlich der Förster. Ich stellte mich naiv. Ob er meine ...?

Der Alte zuckte mit den Schultern. Was für ein Fahrzeug es gewesen sei?

Ein geländegängiger Wagen, berichtete ich. Toyota, Mitsubishi, irgendetwas in dieser Art.

Ob ich mich vielleicht an das Kennzeichen erinnerte?

Darauf hatte ich nicht geachtet – also nicht auf die Zahlen, nur auf die Ortsbezeichnung, die hätte ich mir gemerkt. Im Wald habe ein Auto doch nichts zu suchen. So habe mich nur interessiert, ob es ein heimisches Kennzeichen gewesen sei. Und da war ich mir sicher.

Ich wollte ihm nicht zu viele Informationen geben, mich aber auch nicht gänzlich bedeckt halten. Erst einmal abwarten, was noch alles geschah.

Der Alte fragte weiter. Ob ich vielleicht gesehen hätte, wer in dem Auto saß, wie viele Personen?

Dafür sei ich zu weit entfernt gewesen. Ich hätte abseits des Weges gesessen, auf einem Stein.

Das hieße, hakte der Alte nach, ich selber sei auch nicht gesehen worden?

Ich könne mir nicht vorstellen wie, gab ich zur Antwort. Auf dem See sprang ein Fisch, die Schwalben kurvten. Das Wetter wird sich ändern, wenn die Schwalben so tief fliegen, dachte ich.

Diesen Geländewagen: Er habe ihn auch gesehen. Dunkelblau, er denke, das sei derselbe gewesen. Er sei gerade aus dem Wald gekommen, es war so gegen zehn. Und er habe eine Person erkannt.

Der Alte wartete ab, überlegte, ob er weiter erzählen sollte.

Es seien zwei gewesen in dem Fahrzeug.

Wieder stockte er einen Moment.

Der eine sei jemand gewesen, den er kannte. Ob er das bereits gesagt habe?

Er habe es angedeutet, bejahte ich. Sollte ich offenbaren, dass ich viel mehr wusste? Dass ich schon selbst recherchiert hatte? Ich konnte den Alten noch nicht einschätzen, traute ihm nicht. Kannte seine Motive nicht, besser: noch nicht.

Der Alte sah mir in die Augen. Er habe angedeutet, sagte er, dass er im Zusammenhang mit dieser Person etwas ganz Ungeheuerliches vermute.

Selbst wenn er es nicht angedeutet hätte: Jetzt hatte er es gesagt.

Der Alte nahm einen Schluck, legte die Hände vor sich auf dem Tisch übereinander und sah auf den See. Drüben wendete der Bauer sein Heu, Drosseln und Stare flogen seiner Maschine hinterher

Dann fragte er, ob ich an der Geschichte interessiert sei.

Das war direkt.

Ich nickte. Warum? Ich nickte. Manche Dinge tut man intuitiv.

Er erhob sich, deutete, eine Hand auf der Brust, leicht eine Verbeugung an. Dann reichte er mir die Hand. Noch einmal bat er mich um Verzeihung. Wenn es mich interessiere, könne ich ja die lokale Presse konsultieren – die Ausgaben so von vor dreißig Jahren, ungefähr ...

Damit drehte er sich um und ging.

Einen Moment saß ich noch da, perplex. Warum hatte ich genickt? Natürlich wollte ich mehr wissen, ich brannte förmlich darauf. Doch gleichzeitig empfand ich Angst. In was geriet ich da hinein? Die Tageszeitung von vor dreißig Jahren ... ungefähr ... – Mein Entschluss stand beinahe schon fest.

Ich stieg aufs Rad, von Westen zog ein Gewitter auf. Hohe Wolkenberge, schwarz fast bis an die Ränder. Ich war auf dem Weg nach Hause, ohne Plan. Was sollte ich tun? Es wühlte in mir. So nahm ich einen Umweg über den westlichen Vorort, den Wohnsitz des Arztes, des mutmaßlichen Mörders. Ich wollte mir ein Bild davon machen, wie dieser wohnte. Warum? Aus Unruhe? Aus Neugier? Ich hatte darauf keine Antwort.

Ohne Mühe fand ich die Straße, fuhr sie entlang. Ein Vogel pfiff, als pfeife er mir hinterher. Wahrscheinlich ein Star. Ich fand das Haus, hier parkte auch der Wagen, frisch gewaschen und geputzt. Vom Haus selbst sah man wenig, es duckte sich hinter eine hohe Mauer.

War der Hausherr da? Von außen war nichts zu sehen. Das große Holztor geschlossen, daneben eine Sprechanlage. Ich rollte vorbei, ein ganz gewöhnlicher Radfahrer. Wie fühlt sich ein Mörder, so kurz nach der Tat? Und wie fühlt er sich später? Sieht er zur Tür, ob jemand kommt? Zum Fenster hinaus? Hat er Angst vor der Entdeckung? Malt er sich aus, was passiert, wenn man ihn entdeckt? Was er alles verliert? Und verfolgt ihn die Tat, das Erlebnis? Fühlt er mit dem Opfer, der Qual? Unvorstellbar, dieser Zustand. Kann man denn überhaupt so leben? Wie kann dann ein Sommer schön sein, ein Tag, ein Vogelflug? Zerfällt dir die Welt dann nicht zwischen den Fingern, zerrinnt nicht alles ins Nichts? Und kann denn ein Täter vergessen? Je verdrängen, was er getan hat? Normal sein, zurückkehren in den Alltag?

Warum quälte ich mich mit solchen Fragen? Sie gingen mich doch nichts an. Der Arzt, falls er der Mörder war, hatte offenbar keine Skrupel. Ich betrachtete den Himmel und sah das drohende Unwetter. Besser, ich fuhr jetzt heim.

Schon trieben die Böen grüne Blätter und Papier über die Straße. Bäume neigten sich, die Menschen gingen schneller. Der Wind, fast schon Sturm, blies laut. Massives Rauschen in den Bäumen. Und Donner rollte näher. Mit dem Einschlag der ersten, dicken Tropfen betrat ich das Haus. Fett fielen sie auf das Pflaster. Klatschten. Ich schloss die Tür.

Das Wetter brach los. Schräg wehten die Tropfen herunter, schräg liefen sie über die Scheiben. Blitze zuckten, Donner krachten. Laut und schwer prasselten die Tropfen aufs Fensterblech. Laub wirbelte herum, mitten im Sommer, kleine Äste brachen. Am Dachrinnenauslauf schäumte das Wasser in den Kies, in der Dachkehle schien es zu kochen. Doch weiter hinten wurde der Himmel wieder blau. Licht unter den dunklen Wolken.

Nach einer Stunde tropften nur noch die Bäume, erste Sonnenstrahlen brachen schon wieder durch. Es war kaum kühler geworden.

Das Telefon klingelte. Ich ließ es klingeln. Es klingelte lange, dann verstummte es. Ich blickte in den Garten. Wieder der durchdringende Klingelton. Ich hob nicht ab, sah in den Garten.

Der nächste Tag begann wie immer mit der Zeitung. Keine weiteren Erkenntnisse in dem Mordfall. Recherchen im Umfeld des Toten hätten bislang nicht weitergeführt, einige der Befragten aber gaben an, das Opfer habe in der letzten Zeit mehrfach von Plänen gesprochen auszuwandern. Es habe dafür lediglich noch auf den Eingang einer größeren Summe gewartet. Über deren Herkunft aber könnten die Befragten keine Angaben machen. Die Polizei mutmaße, dass der Mann möglicherweise kriminelle Pläne gehabt habe, konkrete Hinweise darauf aber lägen nicht vor. Generell ermittle man nach wie vor in alle Richtungen. Erwiesen sei die Todesursache: Ertrinken. Grundsätzlich gehe man aufgrund der Art des Mordes nach wie vor von einer Vergeltungsaktion im Milieu aus.

Ich rief die Zeitung an. Ein Archiv, das weiter als dreißig Jahre zurück reichte? Ja, das hätten sie. Dazu müsse ich mich anmelden und einen Antrag ausfüllen. Die Suche beziehungsweise Bereitstellung dauere circa eine Woche.

Ich sah ins Internet. Die Universitätsbibliothek hatte bis 22 Uhr geöffnet, sie hatten das größte Archiv. Aber würden sie mir noch die Zeitungen heraussuchen? Ich rief dort an. Ja, wenn ich bis 16 Uhr käme und 20 Euro entrichte, suche man mir die gewünschten Ausgaben heraus. Ich hätte dann bis Bibliotheksschluss Zeit.

Kaum eine Stunde später saß ich im Lesesaal, über ein Bündel vergilbter Zeitungen gebeugt. Ich hatte erst einmal die Ausgaben von vor dreißig Jahren gewählt, von Januar, Februar, März. Das sollte fürs Erste genügen. Es war ein Glücksspiel. Die Stapel, die man mir brachte, waren in braunes Packpapier eingeschlagen, mit einer Kordel zusammengebunden. Im Lesesaal war ich fast allein.

Ich öffnete den Februar-Stapel, legte die Zeitungen vor mich hin. Es war interessant, in der Vergangenheit zu stöbern. Alles sah dort so anders aus. Und ich hatte Glück. Vielleicht. Am 14. Februar wurde ich fündig: »Unternehmerfrau vermisst«, stand dort in einer kleinen Meldung. Gestern habe ein Bauunternehmer – er trug denselben Namen wie der Arzt! – aus einem Vorort bei der hiesigen Polizei seine Frau als vermisst gemeldet. Sie sei seit mehreren Tagen verschwunden. Nach Auskunft der Polizei habe die Frau nach einem Streit eine kleine Tasche gepackt und das gemeinsame Haus verlassen. Der Unternehmer habe das Verschwinden seiner Frau erst jetzt gemeldet, da er ihr Ausbleiben nicht ernst genommen habe. Die vermisste Frau sei 1,73 groß, korpulent, habe blonde, mittellange Haare mit Dauerwelle und sei mit einem beigen Pepita-Mantel bekleidet gewesen sowie mit einem braunen Kostüm.

An den folgenden Tagen berichtete die Zeitung, die Frau sei noch nicht wieder aufgetaucht. Es war von nicht näher bezeichneten Gerüchten über den Unternehmer die Rede, von Verdächtigungen, die ungenannte Nachbarn und auch

Beschäftigte des Unternehmens ausgesprochen hätten – »hinter vorgehaltener Hand«. Nach einer Woche erfuhr man dann von einer ergebnislosen Hausdurchsuchung bei dem Unternehmer und von Überprüfungen diverser Baustellen. Ich blätterte mich durch die nächsten zwei Monate bis in den Frühling hinein, aber die Frau blieb verschwunden. Ich schloss die letzte Zeitung, wischte meine schwarzen Finger an der Hose ab und war mir sicher: Dies war die Information, die der Alte gemeint hatte.

In der milden Luft des schon fast dunklen Abends stellte ich mein Rad ab und setzte mich auf eine Bank an der Regnitz. Die Leute führten ihre Hunde spazieren, Jugendliche lagen im Gras, umgeben von Flaschen, übermütig betrunken. Ich überlegte. Der Arzt war im Wald beobachtet worden, von mir und von dem Alten. Er hatte mit dem Drahtkorb zu tun – etwas, das nur ich wusste oder zu wissen glaubte. Die ermordete Person war namentlich bekannt, aber es fehlte das Motiv. Und die Mutter des für mich Hauptverdächtigen, des Arztes, war vor 30 Jahren spurlos verschwunden. Ich ging davon aus, dass sie bis heute nicht wieder aufgetaucht war. Legte das nicht auch ein Verbrechen nahe? Doch wie konnte ich an Informationen diesbezüglich gelangen? Ich hatte das Gefühl, immer mehr zu wissen und gleichzeitig immer weniger. Nichts, was ich erfuhr, brachte mich wirklich weiter. Im Gegenteil, es entstanden nur neue Fragen. Ich machte mich auf den Heimweg.

Im Briefkasten fand ich ein Kuvert. Es war nicht mit der Post gekommen, sondern persönlich eingeworfen worden. Keine Briefmarke auf dem braunen Karton. Meine Adresse samt Namen handschriftlich in großen Buchstaben. Kein Absender auf dem Kuvert, das mit einer Klebelasche verschlossen und zusätzlich mit Tesafilm zugeklebt war. Ich öffnete es sofort.

Es war ein Schreiben des Alten. Drei Seiten lang, in sauberer Handschrift verfasst, mit Tinte. Die Blätter ungefaltet.

Und ein Foto, schwarzweiß, eine Familie, Mann, Frau, zwei Kinder. Ein Mädchen und ein Junge, beide um die Zehn, so schätzte ich. Sie standen vor dem Rohbau eines Hauses, daneben ein Opel Rekord. Affenschaukeln hatte man die Zöpfe des Mädchens in meiner Kindheit genannt. Der Junge in kurzen Lederhosen. Der Mann im offenen Hemd, die Ärmel hochgekrempelt, mit Bauch, die Frau recht stämmig, Rock, Handtasche, Bluse. Das Foto war aus einem Sommer einer anderen Zeit. Wie sonnig Schwarzweißfotos sein konnten!

In dem Schreiben bedankte sich der Alte für meine Freundlichkeit und entschuldigte sich für seine Schrift. Er sei etwas in Eile, denn er wolle den Brief noch heute zu mir bringen. Er sei im Begriff zu verreisen, eine Reise, schon seit langem geplant. In drei Wochen sei er zurück.

Er habe bei unserem Treffen ein sehr gutes Gefühl gehabt. Deshalb möchte er mir ein paar Dinge anvertrauen, von denen er meinte, sie könnten vielleicht für mich wichtig sein. Er vermute, dass ich mehr wisse, als ich ihm gegenüber zugegeben hatte. Und er könne, gesetzt den Fall, dies träfe zu, meine Beweggründe hierfür gut verstehen. Trotzdem möchte er mich mit dem Folgenden belasten. Und was auch immer ich damit anstellte, er sei überzeugt, ich machte das Richtige. Das Bild zeige den Arzt als Kind, seine Schwester, seine Eltern im Sommer vor über dreißig Jahren, von ihm, dem Alten selbst, fotografiert. Seine damals neuen Nachbarn. Der Vater des Arztes, ein Bauunternehmer, habe damals ein Haus neben dem seinen gebaut – jenes, das jetzt leer stehe, schon seit geraumer Zeit, und das ich mir angesehen habe. Der Bauunternehmer habe das Haus damals gebaut, aber nie bewohnt, nur vermietet. Denn kurz nach der Aufnahme dieses Bildes sei die Frau verschwunden. Man habe sie nie gefunden, sie sei nie wieder irgendwo aufgetaucht. Natürlich sei der Ehemann unter Verdacht geraten, aber nichts habe ihm je nachgewiesen werden können, auch habe nichts ernsthaft auf ein Verbrechen, wie es durchaus vermutet wurde, hingedeutet. Kein Zerwürfnis, keine Vorgeschichte, nichts. Der Unternehmer nun sei vor zwei Jahren verstorben, sein Sohn, der Arzt, sei in den vergangenen Wochen häufiger in dem Haus gewesen. Es stünde ja leer. Oft habe er nur im Garten gesessen, unter dem großen Apfelbaum, über Stunden. Und manchmal war es, als bewege er seine Lippen.

Er habe, schrieb der Alte, einen ganz bestimmten Verdacht. Doch er wolle nicht weiter darüber schreiben, zu ungeheuerlich erscheine ihm das. Er erlaube mir, sein Haus zu benutzen, ja, er schrieb »benutzen«, deshalb auch der Schlüssel anbei. Sein Haus stünde jetzt leer, und vielleicht hätte ich Glück und könne den Arzt bei einem seiner Besuche beobachten. In drei Wochen käme er zurück, er würde sich melden. Mit sehr freundlichen Grüßen.

Auf die letzte Seite geklebt: ein flacher Schlüssel.

Das war sehr viel. Auch neue Fakten. Eine völlig neue Geschichte, und ein ungeheuerlicher Verdacht. Trotzdem: Ich hatte das Gefühl, nicht einen Schritt weitergekommen zu sein, im Gegenteil. Alles wurde immer komplizierter.

Als ich am nächsten Morgen aufwachte, war der Himmel grau. Eine tief hängende, kompakte Masse. Ich duschte, kochte Kaffee.

Die Zeitung berichtete nichts Neues. Sollte ich hinausfahren und mir das Haus des Alten ansehen? Aber was dann? Auf den Zufall warten, dass der Arzt wieder vorbeikäme, im Nachbarhaus? Die Geschichte fesselte mich, ich konnte mich ihr nicht mehr entziehen. Gleichzeitig empfand ich sie als abstoßend – eben weil sie mich so einnahm. Sie bestimmte über mich. Doch mein Entschluss stand fest: Ich wollte die Wahrheit erfahren. Sie zu Ende bringen, für mich.

Man stellte mich nicht durch, als ich in der Praxis des Arztes anrief. Er habe Patienten, um was es gehe. Ich legte auf. Aber es war mir in diesem Moment klar: Ich musste mich mit ihm treffen. Und ich wusste auch wie. Ich löste den Schlüssel von dem Briefpapier und fuhr los.

Es nieselte. Als ich das Haus des Alten betrat, rief ich wieder in der Praxis an. Wieder war er nicht zu sprechen, aber ich ließ dem Arzt etwas ausrichten: Man erwarte ihn zu einem Hausbesuch. Nannte die Adresse des Hauses, den Mädchennamen seiner Mutter, 19 Uhr. Ich legte auf. Keine Ahnung, woher ich die Kaltschnäuzigkeit nahm. Mir schlug der Puls bis zum Hals.

Auf dem Wohnzimmertisch lag eine Notiz an mich. Er freue sich, dass ich da sei. Getränke befänden sich im Kühlschrank. Ich solle mich fühlen wie daheim. Der Arzt sei sehr nett, ich solle mir keine Sorgen machen. Ein freundschaftlicher Gruß.

Das Haus war hell. Eine große, verschiebbare Glaswand hinaus in den Garten, der Blick zum leer stehenden Nachbarhaus kaum verdeckt. Ich öffnete die Tür zur Terrasse und sah mich ein wenig um. Der Regen hatte aufgehört.

Die Scheiben des Nachbarhauses waren staubig. Das Gras stand hoch und gelb, um den großen Apfelbaum an einigen Stellen flach getreten. Auf Augenhöhe an dem Baum ein kleines Kreuz. Ich ging wieder zurück, ließ die Terrassentür offen, nahm auf dem Sofa Platz. Von Westen her klarte es langsam auf.

Das Nachbargrundstück lag einfach da, nichts tat sich dort. Ich wurde ruhiger, saß und wartete. Dann holte ich mir ein paar Bücher, begann zu blättern, versuchte auch zu lesen. Doch meistens starrte ich nur hinaus.

Irgendwann stand er dann auf der Terrasse. Einfach so. Ich war wohl eingenickt, hatte ihn nicht kommen sehen. Ich war nur kurz erschrocken. Er zeigte auf mich, sein Blick unsicher fragend. Ich nickte, lud ihn mit einer Geste ein, sich zu setzen.

Er kam herein, leise. Schwieg.

Ich stellte mich ihm vor, erklärte mich. Erzählte, was ich wusste und was ich wissen wollte. Nicht, weil ich – wie blöd das Wort klang! – Detektiv spielen oder über ihn richten wolle, sondern weil ich hineingeraten war in etwas, das mich seither bedrängte und beschäftigte.

Und dann erzählte er. Dort unter dem Apfelbaum liege seine Mutter. Sie habe, als er noch ein Kind war, seinen Vater, ihn und seine Schwester verlassen. War nach einem Streit beim Vater des Ermordeten untergeschlüpft. Nein, keine Liebelei, nur Unterkunft, Rückzugsgebiet. Zwei Tage später aber war sie tot. Im Schlaf erstochen und erschlagen, von einem Jugendlichen. Aus Eifersucht. Der damals Jugendliche war tatsächlich das Opfer aus dem Drahtkäfig. Er sei schon immer böse gewesen. Und obwohl dieser Junge die Mutter – »meine Mutter«, wie der Arzt schmerzvoll betonte – umgebracht hatte, habe sein Vater ihn immer geschützt, habe zeitlebens die Verdächtigungen ertragen, die eigene Frau ermordet zu haben. Und das erkläre nur eine lange Geschichte: Sein Vater und der des Toten im Wald nämlich waren seit ihrer Jugend Freunde gewesen und in der Zeit der Nazis, jener unsäglichen Zeit, habe der Vater des Toten dem seinen das Leben gerettet. Er hatte ihn versteckt, fast zwei Jahre lang, und ihm schließlich neue Papiere verschafft. Gefälscht. Eine neue Identität. Denn, und das müsse ich wissen, sein Vater hatte jüdische Wurzeln gehabt. So war seinem Vater von jenem das Leben gerettet worden. Nach dem Krieg dann habe jener bei seinem Vater gearbeitet, im Bauunternehmen.

Gemeinsam hätten sie damals den Leichnam der Mutter begraben und dann den Baum gepflanzt, die Tat verheimlicht und gedeckt. Gehofft, der Junge werde besser. Doch er blieb böse, nicht zu bändigen. Trotzdem: Ich lebe, habe sein Vater dazu immer gesagt, nur durch den anderen. Und ich habe nicht mehr als dieses Leben.

Dann sei zuerst der Vater des Toten gestorben und kurz darauf sein eigener. Drei Jahre war dies nun her. Seither habe der jetzt Ermordete ihn immer wieder drangsaliert, Geschichten erfunden und versucht, ihn zu erpressen. Er wolle, damit drohte er, mit einer anderen Version der Geschichte an die Öffentlichkeit: Dass der Vater des Arztes seine Frau damals ermordet und vergraben habe, er selbst sei Zeuge dieser Tat gewesen. Ganz langsam sei in ihm dann der Entschluss zur Tat gereift. Und eines Tages: »Habe ich ihn zu mir eingeladen, mit einem Schlafmittel betäubt und ertränkt. Es sollte eine Zeit lang dauern, er sollte es durchaus noch spüren, dass er sterben musste. Deshalb der Drahtkorb.«

Wer ihm geholfen habe, tue nichts zur Sache.

Das Übel sei jetzt aus der Welt, die Folgen davon müsse er ertragen. Er wolle seinen Frieden. Dann stand er auf, gab mir die Hand und ging.

Ich sah mich ruhig sitzen. Blieb auch sitzen. Sah ihn kurz drüben unterm Baum verweilen, deutete seine Kopfbewegungen Richtung Erde und Stamm als stummes Zwiegespräch. Ich habe nie mehr von ihm gehört, auch keinen Kontakt mehr gesucht. Er lebt sein Leben und ich meins.

Jetzt bin ich die Geschichte los. Ich hoffe, sie lässt mich jetzt in Ruhe.

Nur nach dem Baum habe ich einmal geschaut. Er trug sehr schöne Äpfel.

Helmut Vorndran

Untödlich

Die Erlanger Gerichtsmedizin war mit voller Mannschaftsstärke und zwei ratlos dreinblickenden Kommissaren um den Seziertisch versammelt. Niemand sprach ein Wort. Selbst der sonst so überheblich wirkende Leiter des Institutes, Professor Siebenstädter, wirkte etwas derangiert. Die Naturwissenschaften duldeten keine Sachlagen, die nicht mit logischen Herleitungen zu begründen waren. Alles in dieser Welt war durch die Kraft des Verstandes zu begreifen. Aber das, was da auf seinem Seziertisch gelandet war, durfte es so eigentlich nicht geben. Ratlos schauten ihn seine untergebenen Kollegen an. Ebenfalls ratlos, dies aber so gut wie möglich verbergend, hob er das Mikrofon an den Mund und begann mit fester Stimme zu diktieren ...

Gärtnermeister Karl Ortloff war sauer. Stinksauer sogar. Es war ein später Kälteeinbruch am 31. März des Jahres 2011, es war dunkel, arschkalt und soeben hatte es zu nieseln begonnen. Niemand auf dieser Welt hatte Lust, unter solchen Bedingungen einer Arbeit im Freien nachzugehen. Nur er hatte heute Abend das zweifelhafte Vergnügen.

Tja, Pech – Berufsrisiko sozusagen.

Wütend trieb er seinen Spaten in den aufgeweichten Boden des alten ERBA-Geländes, das nur durch eine funzelige Notleuchte erhellt wurde, die er an seine Schubkarre gehängt hatte, im Fränkischen auch gerne »Robbern« genannt. In dieser Robbern lag allerhand Arbeitsgerät wie Hacke, Schaufel und ein Sack mit Rindenmulch. Bis er den allerdings auf den wieder eingepflanzten Wurzelbereich seiner jungen Trauerweide pflanzen konnte, würde noch viel Wasser in dieser Nacht die Regnitz hinunterfließen.

Der Wurzelballen des Hochstammes hatte ein stattliches Gewicht, schließlich sollten die Bäume der Landesgartenschau auch mit Sicherheit anwachsen. Verdorrte Gehölze machten sich nicht so toll bei diesem Prestigeprojekt. Außerdem verstieß ein zu geringer Durchmesser des Wurzelballens gegen die Vorschriften. Ach ja, die Vorschriften ...

Wütend trieb er seinen Spaten wieder in den matschigen Boden. Schlammig spritzte der verquirlte Dreck durch die dunkle Nacht und landete irgendwo auf frisch gekeimtem Rasen.

Vorschriften, er konnte dieses Wort nicht mehr hören. Er hatte inzwischen wohl schon gegen Vorschriften im dreistelligen Bereich verstoßen. Und das, obwohl er penibelst auf sämtliche Vorgaben des Amtes geachtet hatte. Das war schließlich der größte Auftrag seiner noch jungen Selbstständigkeit und gewinntechnisch äußerst hart auf Kante genäht. Gab es Nachbesserungen oder Mehrarbeiten, musste er die selbst ausführen, sonst geriet das ganze Projekt in die Minuszone. Diese Prämisse hatte nun dazu geführt, dass er selbst seit zwei Wochen nachts auf dem Gelände der Landesgartenschau herumkroch, um den Erbsenzähler vom Amt zufriedenzustellen.

Dieser miese Drecksack vom AFF rannte doch tatsächlich jeden Tag mit Zollstock und Ausschreibungsheft übers Gelände und maß alles nach: Abstände, Wurzelballendurchmesser, Kronenbreiten, Stammstärken und Blattgrößen. Und wenn ihm was nicht passte, raus mit der Schaufel.

Wo war eigentlich diese Mistratte? Der wollte doch höchstpersönlich vorbeikommen, um zu kontrollieren, dass diese »Salix Alba Tristis« auch wirklich 11,7 Zentimeter nach Nordnordost versetzt worden war. Schließlich war ja morgen offizielle Eröffnung, und da würde eine Trauerweide, die um gut zehn Zentimeter die rechnerische Mitte des Pyramidenhügels verfehlte, bestimmt die ganze Veranstaltung ruinieren. So ein verdammter Schwachsinn. Alles hier war völlig gaga.

Am liebsten würde er diesem Kniebohrer seinen verdreckten Spaten in die Bürokratenfresse dreschen und anschließend ein Schild mit der Aufschrift »Baustelle« an die platte Nase hängen. Aber dann gab's bestimmt keine Kohle, sondern nur eine Anzeige wegen Tätlichkeit, wie bei seinem Kollegen aus Stegaurach, der diesem Heini einen Schaufelstiel in den verbeamteten Schritt gedonnert hatte. Der Kollege war jetzt zwar tief befriedigt, aber arbeitslos.

Nein, das würde ihm nicht passieren, diese Nacht würde er jetzt auch noch rumbringen. Wütend jagte er mit beiden Händen seinen Spaten wieder Richtung Erdmittelpunkt.

Die Schwierigkeiten begannen für Herbert Dotterweich an diesem lausig kalten, späten Freitagnachmittag Ende März. Als Beamter war er ja an ein Schattendasein am Arbeitsplatz gewöhnt. Das Bedürfnis, diese grelle Wintersonne von sich fernzuhalten, war heute aber noch stärker als sonst. Kaum dass die ersten Sonnenstrahlen seinen blankgeputzten Schreibtisch erreichten, kniff er die Augen zu engen Schlitzen zusammen und hob die Hände gegen das hereinflutende Licht. Als er aufstand, um die grauen Vorhänge an seinem Fenster zuzuziehen, vernahm er vom Nebentisch ein unterdrücktes »Der Graf macht den Sargdeckel zu«.

Das Amt für Flora und Fauna war nur für die Landesgartenschau eingerichtet worden, und Herbert Dotterweich war für die Endabnahmen der neuen Baulichkeiten zuständig. Er war bekannt für äußerste Genauigkeit und die neurotische Vermeidung jeglicher UV-Strahlung. »Der Graf«, so lautete sein inoffizieller Spitzname, da konnte er machen, was er wollte. Faltige, magere Gesichtszüge und eine Hautfarbe, die an durchscheinende Milchglasscheiben erinnerte, taten ein Übriges. Sein lichtscheues Gehabe war im ganzen AFF legendär.

Herbert Dotterweich wusste das alles, und es machte ihm nicht wirklich etwas aus. Er war nun einmal ein Perfektionist und fühlte sich im Dunkeln wohler als im Hellen. Das war in seinem ganzen Leben schon so gewesen. Je stärker der Stress wurde, umso störender empfand er das Sonnenlicht. Und diese Landesgartenschau forderte ihm wirklich alles ab. So einen Stress hatte es bisher noch nicht gegeben in seinem Beamtenleben. An jeder Ecke lauerten Verstöße und Nicht-einhaltungen der Bepflanzungsordnung. Das mochte für den schlampigen, naiven Normalbürger in den meisten Fällen kein Problem darstellen. Für den Grafen waren das jedoch perma-nente Attentate auf sein Ordnungsbewusstsein.

Da wurden Beete ganze Zentimeter zu tief angelegt, Kies in der falschen Korngröße geliefert oder Rosensträucher gepflanzt, deren Blüten die maximale Blühhöhe frech über-schritten. Womöglich brachten sie nicht einmal den exak-ten Rotton hervor, der gefordert war. Und so lief er dann mit schwarzer Schirmmütze, Lodenmantel und ultragroßer Son-nenbrille übers Gelände, um sich mehr oder minder schwere Vergehen zu notieren.

Endabnahmen führte er sowieso nur noch in der Dämme-rung durch oder, noch besser, vor Sonnenaufgang. Der Graf machte seinem Namen wirklich alle Ehre.

Als er die Vorhänge zugezogen hatte und sich umdrehte, wandten sich mehrere Gesichter im Raum merkwürdig syn-chron wieder der Arbeit zu, die vor ihnen auf den Tischen lag, die Gesichtszüge mühsam beherrscht. Graf Dotterweich beachtete seine Kollegen überhaupt nicht, sondern griff sich Tasche, Mantel und Schirmmütze, um gemessenen Schrittes die Amtsstube zu verlassen. Eine letzte Aufgabe wartete auf ihn.

Lediglich eine Person schaute ihm besorgt hinterher. Renate Hümmer fand ihren Chef überhaupt nicht nervig, eher bemitleidenswert. Oft schon hatte sie ihm heimlich geholfen, ohne dass er es überhaupt bemerkte. Sie zog die Vorhänge zu, kochte Kaffee oder hörte ihm einfach ein wenig zu, wenn er

Probleme hatte. Größere Beachtung ihr gegenüber hatte das alles allerdings nicht eingebracht, auch wenn sie das gerne gehabt hätte. Tja, musste sie eben weiter hoffen und warten. Aber wenn sie ihren Chef heute so betrachtete, dann machte sie sich noch größere Sorgen als sonst.

Sehr viel größere ...

Entschlossen drückte er den Knopf der Mikrofontaste. Das Kabel des Diktiergerätes kam irgendwo von oben, von der Decke, und baumelte unentschlossen vor sich hin, bis es in das ovale Mikrofon mündete. Siebenstädter setzte eine fest entschlossene Miene auf, während sieben Augenpaare starr auf ihn gerichtet waren und nun gespannt der Worte harrten, die in dieses Mikrofon gesprochen werden sollten. Worte, die so wohl noch nie in einer Gerichtsmedizin dieser Welt aufgenommen worden waren. Und wenn doch, so hätte man denjenigen wahrscheinlich auf direktem Weg zu den Kollegen der geschlossenen Psychiatrie überführt. Aber Professor Siebenstädter war nicht irgendwer. Was er als Tatsache in die Welt stellte, hatte in Fachkreisen Gewicht. Niemand würde Siebenstädter wegen einer Diagnose für verrückt erklären, jedenfalls noch nicht. Es knackte leise im Mikrofon, als er mit der Aufnahme begann.

»Erlangen, Samstag, 1. April 2011, es ist 5 Uhr 23 ...«

Karl Ortloff rückte den alten Lederhut weiter nach hinten ins Genick. Er hatte den Wurzelballen mit seinem rostigen Drahtgeflecht endlich freigelegt. Eine verdammte Scheißplackerei war das. Solche Arbeiten hatte er das letzte Mal in seiner Lehrlingszeit ausführen müssen, und das war schon ziemlich lange her. Aber wenn er hier mit diesem Auftrag nicht pleite gehen wollte, dann musste er eben selbst Hand anlegen. Seine Leute waren längst auf anderen Baustellen beschäftigt. Erneut rauschte das Adrenalin durch seine Adern, und die aufkeimende Wut ließ ihn den Spaten mit aller Gewalt in den Boden rammen. Dieses Mal aber durchschnitt das Eisen des Arbeitsgerätes nicht wie Butter das durchweichte Erdreich, sondern stieß mit voller Wucht auf einen mittelgroßen Steinbrocken, der dort schon länger sein unterirdisches Dasein fristete. Ortloff durchfuhr es wie ein Stromschlag, als der Spaten auf die harte Oberfläche des Granits knallte. Dann vernahm er ein knirschendes Bersten, als der eschene Stiel nachgab. Das Holz zerbrach knapp oberhalb des Schaftes, und das stählerne Spatenblatt flog mit einem spitzen Rest des Stieles hinaus in die dunkle Nacht. Irgendwo hörte man dann, wie das zerstörte Gartengerät schmatzend auf dem nassen Boden landete.

Karl Ortloff hielt nur noch den Spatenstiel mit seinem spitz abgescherten Holzende in der Hand und wünschte sich nichts sehnlicher herbei als ein warmes Bad mit einer hübschen Blondine und einer Piña Colada in der Hand ...

Herbert Dotterweich bemerkte die Veränderung nicht sofort, die in ihm vor sich ging, dafür war er noch zu sehr mit sich und den Schmerzen im Schritt beschäftigt. Es waren die letzten Nachwehen des Schaufelstieles, den ihm dieser durchgeknallte Gärtnerheini letzte Woche zwischen die Beine getrieben hatte. Die Firma wurde zwar sofort von der Baustelle der Landesgartenschau ausgeschlossen, was ihm unterleibstechnisch aber auch nicht weiterhalf. Na gut, er hatte sich erst mal mit Schmerzmitteln und einem John-Wayne-Gehstil – Gott hab ihn selig – arrangiert. Trotzdem musste er ab und zu stehen bleiben, um seinen Weichteilen eine kurze Erholung zu gönnen. Aber morgen war sowieso die große Eröffnung, dann war diese Baustelle abgeschlossen und er würde in Urlaub gehen. Hätte diese vermaledeite Baustelle hier noch länger Bestand, würde er sich als Erstes ein Suspensorium besorgen, wie es von Handballtorhütern verwendet wurde. Noch einmal würde er sich das von so einem drüsenkranken Floristen nicht bieten lassen. Während ihm derlei abwehrstrategische Überlegungen durch den Kopf gingen, bemerkte er etwas aus dem

Augenwinkel und hielt abrupt inne. Als er sich umwandte, sah er in die Auslage der Metzgerei, an der er jeden Morgen auf dem Weg zur Baustelle vorbeilief. Er hatte als strenger Vegetarier bisher nie auch nur einen Blick hineingeworfen. Aber heute lag etwas im Schaufenster, das seine Blicke unwiderstehlich anzog. Es war ein großer, mit bunten Blumenservietten dekorierter, in der Mitte entzwei geschnittener fränkischer roter Presssack. Verwundert über sich selbst starrte er auf die prächtig und fett daliegende fränkische Spezialität. Sein Leben lang hatte er Wurstwaren und Fleisch im Allgemeinen immer gehasst wie der Teufel das Weihwasser. Bei dem Gedanken an Weihwasser zuckte er unwillkürlich zusammen, aber nur kurz. Dann richteten sich seine Gedanken und Augen wieder auf den Presssack. Und zu seiner großen Verwunderung verspürte er keinerlei Ekel mehr beim Anblick der stattlichen und offensichtlich erst frisch gebrühten Wurst. Nein, er verspürte im Gegenteil sogar so etwas wie Appetit auf das dunkelrote Teil, das da nur wenige Zentimeter vor ihm lag.

Aber bevor er sich seinen neu entdeckten kulinarischen Neigungen intensiver widmen konnte, bemerkte er wieder dieses seltsame Brennen auf seiner Hand. Die Sonne war inzwischen um die Ecke gewandert, und erste Sonnenstrahlen leckten an seinen unbedeckten oberen Extremitäten. Verzweifelt verzog er das Gesicht, und der Presssack war sofort wieder Geschichte. Dieses Brennen hatte in den letzten Tagen extrem zugenommen und tat inzwischen richtig weh. Selbst wenn die Sonne jetzt, Ende März, noch keine große Kraft entfalten konnte, reichte sie doch aus, um auf seiner Haut diese äußerst unangenehme Reaktion hervorzurufen. Aber er hatte bereits Gegenmaßnahmen getroffen. Er zog sich in einen Hauseingang zurück und holte eine kleine Tube aus seiner Jackentasche hervor, die er sich die Woche zuvor über das Internet bestellt hatte. Es war eine extrem starke Sonnencreme mit Lichtschutzfaktor 40, speziell für empfindliche Allergiker wie ihn.

Sorgfältig und vor allem großzügig presste er die dicke Emulsion auf die Haut und verteilte sie auf Händen und Gesicht. Es würde einige Minuten dauern, bis das Mittel eingezogen war und zu wirken begann.

Das Mikrofon zitterte leicht in seinen Händen, als Siebenstädter sprach.

»Die vor mir liegende männliche, etwa dreißig Jahre alte Leiche weist keinerlei äußere Verletzungen auf, bis auf zwei kleine, etwa fünf Millimeter große, kreisrunde Einstiche im Halsbereich. An der Leiche sind zudem keinerlei Leichenflecken erkennbar. Weder auf der Körperunterseite noch auf der Oberseite. Dies könnte daher rühren, dass nach einer vorläufigen Untersuchung der ungeöffneten Leiche fast kein Blut mehr im Körper derselben festgestellt werden konnte.« Siebenstädter hielt kurz inne und blickte in die Runde. Gebannt hingen unzählige Augenpaare an seinen Lippen. Er hob das Mikrofon wieder an und sprach weiter: »Die Todesursache ist also unter Umständen der Biss durch einen Vampir.«

Als sich Herbert Dotterweich dem Gartenschaugelände näherte, begann sich die Stimmung unter den Arbeitern schlagartig zu verdüstern.

»Schau an, da kommt der Blutsauger vom AFF«, stellte der Landschaftsarchitekt der Gartenbaugesellschaft leise fest, während er seine Pläne und Zeichnungen einsammelte. Seiner Meinung nach war alles in Ordnung, und die Firmenchefs beziehungsweise Bauleiter der einzelnen Gewerke konnten binnen einer halben Stunde nach Hause gehen. Es war alles fertig. Aber am mürrischen Gesichtsausdruck des Grafen konnte er schon erkennen, dass dieser noch etwas auszusetzen haben würde.

Herbert Dotterweich hob nur kurz und knapp den Kopf, fauchte eine Begrüßung durch die zusammengepressten

Zähne und begab sich dann ohne weitere Umstände auf den Kiesweg, um mit dem finalen Inspektionsrundgang zu beginnen. Skurrilerweise ging ihm der Presssack der Metzgerei nicht mehr aus dem Kopf, was ihn zusätzlich nervte. Er fühlte sich scheußlich. Die Sonnencreme hatte zwar zu wirken begonnen, aber die Sonne, die seit Wochen das erste Mal wieder zum Vorschein gekommen war, brannte sich selbst durch diesen Lichtschutzfaktor langsam und konsequent hinein in seine immer empfindlicher werdende Beamtenhaut. Also hatte er kurzerhand schwarze Lederhandschuhe übergestreift, aber das Gesicht blieb trotz Hut, Creme und Sonnenbrille immer noch weitgehend frei und den Unbilden des Frühlingswetters ausgesetzt. Seine Haut glühte förmlich, und die Teilnehmer der Endabnahme bekamen das auch zu spüren. Hier ein Abzug für falsche Steine, dort ein Mangel wegen nicht gekeimter Gräser und so weiter. So richtig erwischte es sein Gemüt aber erst, als er diesen seltsamen, ekelhaften Geruch verspürte.

»Was um Himmels Willen stinkt denn hier so?«, rief er wütend. Dutzende Köpfe schossen nach oben und hielten ihre Nasen panisch in den Wind, konnten aber keinerlei olfaktorische Belästigung bemerken, so sehr sie auch die Luft pfeifend in ihre Lungen sogen.

»Wo kommt dieser bestialische Gestank her!«, schrie Dotterweich außer sich und hielt sich die Nase zu. Dann ließ er sie wieder los und folgte völlig angewidert, seine Nase wie eine Radarschüssel schwenkend, dem grässlichen Geruch bis zu seiner Ursprungsquelle. Mit der versammelten Mannschaft blieb er schließlich vor einem Rasenstück am Wegesrand stehen, wo sich gerade kleine, lanzettähnliche Blattspitzen aus dem Boden getraut hatten. Seine Geruchsrezeptoren spielten derweil Granatenwerfen mit seinen Geruchsnerven.

»Was ist das zum Teufel!«, knurrte er aggressiv in die Runde und hielt sich die Nase wieder zu. Einer der Landschaftsgärtner, Karl Ortloff aus Walsdorf, kniete sich auf den Weg und popelte vorsichtig eine kleine Knolle mitsamt dem frischen Trieb aus dem Boden. Sofort erhellte sich seine Miene, als er das kleine Gewächs erkannte.

»Das ist Bärlauch«, stellte Ortloff sachlich fest. »Ein wilder Verwandter des Knoblauchs. Ist nicht ganz so intensiv, aber viel häufiger. Kommt hier überall vor, den gibt's hier wie Unkraut. Schmeckt übrigens klasse auf der Brotzeit«, schob er noch grinsend hinterher.

Herbert Dotterweich schaute ihn nur ungläubig an. Dann sagte er mit bissigem Unterton, während er angeekelt die kleine knoblauchähnliche Knolle betrachtete, die auf dem Kies lag: »Okay Herrschaften, Sie werden jetzt das komplette Gelände absuchen und sämtlichen Bärlauch entfernen, den Sie finden können. Und wenn Sie die Nacht durcharbeiten müssen. Das ist mir völlig egal. Und Sie Ortloff, Sie Bärlauchspezialist, kommen einmal mit.«

Karl Ortloff wusste sofort, dass er gerade einmal zu viel gegrinst hatte und folgte dem Grafen resigniert zu seinem Baustellenabschnitt. Sie erreichten den Pyramidenhügel, wo er kurz zuvor genau in der Mitte des Hügels eine Trauerweide eingepflanzt hatte. Dotterweich bedeutete ihm, stehen zu bleiben. Dann holte er ein zigarettenschachtelähnliches Kästchen aus der Tasche und begann, merkwürdige Schleifen auf dem Hügel zu laufen. Nach mehreren Minuten dieser seltsamen Wanderung blieb er wieder in der Nähe des Baumes stehen und legte etwa 12 Zentimeter vom Baumstamm entfernt eine rote Plastikmarkierung ins Gras. Dann steckte er das Kästchen wieder weg und blickte den völlig ratlos dreinschauenden Gartenbaumeister an.

»So, Herr Ortloff. Mithilfe meines hochpräzisen Navigationsgerätes konnte ich zweifelsfrei feststellen, dass sich der exakte Mittelpunkt des Platzes 11,7 Zentimeter in nordnordöstlicher Richtung jenseits ihrer sogenannten Pflanzstelle befindet.« Triumphierend schaute er in das fassungslose Ortloff'sche Gesicht.

»Ich möchte Sie also bitten, diese Schlamperei bis zum Ende des Tages zu korrigieren und diese Weide in die geometrische Mitte zu rücken, sonst werden wir um eine erkleckliche Vertragsstrafe nicht herumkommen«, plauderte er fröhlich, während er seine Tasche packte.

»Ich werde den Baum selbstverständlich sofort umpflanzen«, knirschte Ortloff hinter zusammengepressten Zähnen und wollte sich umgehend auf den Weg zu seinem am Besuchereingang geparkten Pickup machen.

»Das haben Sie sich so gedacht!«, hob der Graf belehrend die Hand. »Das verschieben wir mal schön auf später. Jetzt werden Sie erst einmal den anderen Herrschaften beim Unkrautjäten helfen. Ihre Umpflanzereien werde ich dann später am Abend begutachten.« Er hielt sich bei dem Gedanken an den Bärlauch sofort wieder die Nase zu und machte sich auf den Rückweg, während ein völlig aufgebrachter Landschaftsgärtner Ortloff mit einem aufkeimenden Schreikrampf zu kämpfen hatte.

»Die Leiche hat eine merkwürdig milchige, fast durchsichtige Hautfarbe. Die Muskeln fühlen sich immer noch weich an, von beginnender Totenstarre ist nichts zu bemerken. Alle lebenswichtigen Körperfunktionen sind jedoch nicht mehr nachweisbar. Der Hirntod wurde bereits nach Fund der Leiche und dem Eintreffen des Notarztes um 0 Uhr 47 festgestellt.«

»Dieser Mann ist klinisch tot, trotzdem zeigen die Pupillen bei Lichteinfall durch eine Lampe immer noch Reflexe. Außerdem beginnt sich die Haut bei Bestrahlung mit einer UV-Lampe erheblich zu röten, was bei eingetretenem Hirntod und dem Fehlen sämtlicher Lebensfunktionen nicht sein kann.«

Während draußen auf den Flächen der Landesgartenschau hochgradig genervte Landschaftsgärtner, Bauunternehmer und sonstige Verantwortliche das Gelände nach Bärlauch absuchten, zog sich Herbert Dotterweich in die hinterste

Ecke des Besucherzentrums im großen Ziegelbau der Anlage zurück. Hier war er vor der erbarmungslosen Sonneneinstrahlung sicher, da die Jalousien wegen geplanter Diavorträge zur Eröffnungsfeier heruntergelassen worden waren. Er setzte sich in einer düsteren Ecke des Raumes auf den Boden, nahm Hut und Sonnenbrille ab und vergrub sein Gesicht in den Händen. Endlich ließen diese brennenden Schmerzen auf der Gesichtshaut nach, und er konnte etwas verschnaufen. Wahrscheinlich hatte er das Schlimmste schon überstanden. Allerdings wurde sein Hungergefühl immer mächtiger, und ihn überfielen Visionen von frisch gebrühtem, rotem Presssack. Was zum Teufel war denn nur mit ihm los? Bis vor wenigen Tagen war der größte kulinarische Genuss ein Honigbrot, Ratatouille oder ein Obstkorb gewesen. Stattdessen verzehrte sich sein Körper nach altbackener, fränkischer Hausmannskost.

Diese quälenden Gedankenspiele zogen sich hin, bis die sinkende Nachmittagssonne endlich Anstalten machte, am Horizont zu verschwinden. Das war der Auslöser, endlich etwas gegen diese unerträgliche Situation zu unternehmen. Entschlossen packte er seine Tasche, setzte Hut und Sonnenbrille wieder auf und machte sich strammen Schrittes auf den Weg in die Metzgerei.

Karl Ortloff schaute dem davonspringenden Spatenteil ungläubig hinterher. Das durfte doch alles nicht wahr sein. Hatte sich denn heute alles und jeder gegen ihn verschworen? Während er noch überlegte, entweder erst mal ein Bier zu holen oder sich einfach selbst zu bemitleiden, hörte er hinter sich ein Geräusch. Er drehte sich um und lauschte genauer. Das waren ganz eindeutig Schritte. Schritte, die langsam aber konsequent näher kamen. Wer zum Teufel war das, um diese Uhrzeit?

»Hallo? Hallo, wer ist da?«, rief er in die Dunkelheit.

Herbert Dotterweich hatte die Metzgerei gerade erst verlassen, als er schon das große, in Alufolie eingewickelte Trumm aus der Plastiktüte nahm. Er zog sich wieder in seinen Hauseingang zurück, schaute sich noch einmal verstohlen um und versuchte, die Alufolie abzuwickeln. Vielmehr begann er sie abzuwickeln, aber schon nach kürzester Zeit riss er sie regelrecht herunter. Noch einmal schaute er in die jetzt fast dunkle Straße, dann biss er ohne zu zögern in die große, fleischige Kugel, die er in seinen Händen hielt.

Sofort durchströmte ihn ein übermächtiges Glücksgefühl, und alle Widrigkeiten dieses vermaledeiten Tages waren wie weggeblasen. Was interessierten ihn noch Baupläne, Wegesränder oder Heckenhöhen? Immer tiefer wühlte er sich in die Presssackkugel und genoss den wohligen Geschmack und das lustvolle Gefühl, das ihn auf einmal durchströmte. Er war so mit seiner blutigen Mahlzeit beschäftigt, dass er die Veränderungen, die sich an und in ihm abspielten, gar nicht bemerkte.

Karl Ortloff sah aus der Dunkelheit eine schwarz gekleidete Gestalt auf sich zukommen, die er sofort erkannte. Immer und überall würde er auf dieser Welt diesen Beamtenarsch erkennen, der bei ihm unter der Kategorie »Vollidiot« abgespeichert war. Er schaute wutentbrannt auf seine Uhr. Es war gerade mal halb neun. Was sollte denn der Scheiß? Er hatte doch nun wirklich noch genug Zeit, um diesen bescheuerten Weidenbaum zwölf Zentimeter zu verrutschen. Wahrscheinlich kam diese Nervensäge nur mal kurz vorbei, um ihn noch ein wenig zu pesten. Aber das sollte er nur mal probieren! Er packte seinen Spatenstielrest fester. Ein kleiner Stupser, ein kurzer Kick mit dem Holz, und schon würde dieser Beamtenaffe etwas mehr Respekt zeigen. Es war dunkel, es gab keine Zeugen, die Kollegen waren nämlich nach dieser bescheuerten Bärlauchgraberei bereits alle in den wohlverdienten Feierabend abgezogen. Nur er war noch hier und machte sich zum Affen für das AFF.

Herbert Dotterweich war nur noch wenige Meter von ihm entfernt, und im diffusen Licht seiner Arbeitslampe konnte er nun deutlich dessen Gesicht erkennen. Auf der Stelle erstarrte er, und das blanke Entsetzen kroch durch seinen schweißnassen Körper.

Herbert Dotterweich hatte sich verändert. Sein Gesicht war starr und kalkweiß, von seinen Mundwinkeln troff frisches Blut. Sein Blick war kalt und unverwandt auf ihn, Karl Ortloff, gerichtet. Dieser Blick hatte etwas außerordentlich Hypnotisches. Der Gartenbaumeister war unfähig, sich auch nur einen Millimeter zu rühren.

Als der verwandelte Dotterweich den wie gelähmt dastehenden Ortloff erreichte, packte er ihn an seinen Haaren und zog den Kopf nach hinten. Er blickte auf den Hals des wehrlosen Opfers, und ein kaltes Lächeln spielte um die blutroten Mundwinkel, unter denen nun lange, spitze Eckzähne sichtbar wurden. Ohne zu zögern stieß der Graf diese Zähne in die Halsschlagader seines Opfers. Warmes, helles Blut spritzte, doch bald schon versiegte der pulsierende Strom, und es gab nur noch ein leises, saugendes Geräusch am Hals des armen Gärtners.

Mit sichtbarem Unbehagen folgten die Umstehenden dem ungewöhnlichen Vortrag des Professors. Da schlug die bislang geduldig daliegende Leiche plötzlich die Augen auf. Ein erschrockenes Stöhnen entrang sich den Zuhörern, und verängstigt gingen alle einen Schritt zurück. Nur Professor Siebenstädter verharrte regungslos an seinem Platz. Allerdings sprach er kein Wort mehr, und das Mikrofon war ihm aus der erhobenen Hand gerutscht. Wie ein Jo-Jo bewegte es sich an seinem Spiralkabel auf und ab, als die offenbar nicht ganz so tote Leiche ein unheimliches Knurren von sich gab.

Karl Ortloff bekam vom Verlust seines Lebenssaftes erst einmal gar nichts mit. Die hypnotischen Kräfte des Ex-Beamten hatten ihn in einen gnädigen Schlaf versetzt. Allerdings hatte der gierige Neuvampir ganz gegen seine vorherige Berufsauffassung etwas schlampig gearbeitet, und Karl Ortloff wachte vorzeitig auf. Ihm war, als erwachte er aus einem endlos langen und tiefen Schlaf. Zuerst bemerkte er die Eiseskälte, und er spürte, dass er rettungslos verloren war. Er würde sterben, der Blutverlust war bereits viel zu groß. Es war genau so, wie es immer beschrieben wurde. Sein gesamtes Leben zog noch einmal an ihm vorüber. Seine Kindheit in Bamberg, seine Ausbildung zum Landschaftsgärtner, bis hin zu diesem unseligen Auftrag der Landesgartenschau mit seinen entnervenden Vorschriften. Die Vorschriften ... Er hatte nicht mehr viel Blut im Körper, aber beim Gedanken an die Bepflanzungsvorschriften kam dieser kärgliche Rest erheblich in Wallung. Noch einmal strömte Adrenalin in die ausgedünnten Adern, und für einen kurzen Moment kehrte die unbändige Wut in ihn zurück. Seine rechte Hand umspannte den spitzen Spatenstiel, und mit aller Kraft, die ihm noch verblieben war, rammte er das Holz von unten in den Körper des saugenden Beamten, der wie ein Blutegel an ihm hing.

Während alle Umstehenden voller Entsetzen und unfähig, sich auch nur irgendwie von der Stelle zu bewegen, der abstrusen Transformation beiwohnten, reagierte Siebenstädter in Sekundenbruchteilen. Die Eckzähne wuchsen schon über die Unterlippe und dem Brustkorb des plötzlich Erwachten entrang sich ein giftiges Zischen. Der Chef der Erlanger Gerichtsmedizin stürzte sich auf den dreckigen Spatenstiel, der die ganze Zeit auf dem reglosen Körper gelegen hatte. Er riss ihn an sich und erhob ihn hoch über seinen Kopf. Ein kaltes Leuchten in den Augen des Untoten. Nun musste es schnell gehen.

Noch bevor sich die erwachte Kreatur erheben konnte, rammte er ihr den spitzen Spatenrest in die Brust. Ein lautes Fauchen entwich dem zu einer skurrilen Fratze verzerrten Gesicht des ehemaligen Landschaftsgärtners, während ein zartes, blaues Leuchten über den zerfallenden Körper des sterbenden Vampirs waberte. Jeglicher Bewegung unfähig starrten alle auf das makabre Schauspiel, nur Siebenstädter stieß so etwas wie einen Triumphschrei aus. Mit einem letzten, seufzenden Geräusch zerfiel der Körper des Untoten schließlich zu einem unscheinbaren Häufchen Staub, neben dem ein abgebrochener Spatenstiel zu liegen kam.

Schweigend sahen sich alle im Raum an. Doch auch in dieser skurrilen Situation nahm Siebenstädter als Erster das Heft des Handelns in die Hand.

»Ich seh das so«, sagte er in die bleierne Stille des Sezierraumes hinein. »Wir haben keine Leiche, keinen Mörder und keine Indizien außer einem Spatenstiel und etwas Staub. Es gibt zwei Möglichkeiten. Entweder wir geben das alles hier exakt zu Protokoll, dann stehen wir morgen als Könige der Idioten in sämtlichen Tageszeitungen. Oder aber wir erklären diesen Leichenfund als künstlerische Installation auf der Landesgartenschau oder irgendetwas Ähnliches. Was genau, ist mir ehrlich gesagt scheißegal. Was mich betrifft, ist das hier jedenfalls nie passiert. Student Wiebke, kehren Sie das hier bitte zusammen und dann Schwamm drüber. Wenn ich hier noch ein einziges Staubkorn finde, dann raucht's im Karton, ich geh jetzt erst einmal auf die Toilette!«

Nach diesem entschlossenen Vortrag drehte er sich um und verschwand, während ungläubige Gesichter der Studentenschaft und der Kriminalpolizei sich entweder gegenseitig fragende Blicke zuwarfen, oder aber völlig verstört das kleine Aschehäufchen auf dem Seziertisch betrachteten.

Der spitze Holzstiel drang von unterhalb des Brustkorbes durch die Bauchdecke des Grafen und durchbohrte seine rechte Herzkammer. So schnell das letzte Aufbäumen Ortloffs auch gekommen war, so schnell war es auch wieder vorbei. Die kraftlose Hand ließ den Stiel los, und der sterbende Ortloff fiel in den nassen Rasen des Pyramidenhügels.

Der schlampige Vampir blickte einen Moment lang verstört auf das Stück Holz, das da unten aus seinem Bauch schräg herausragte. Dann war nur noch ein schriller Schrei in der dunklen

Nacht zu hören, und ein blauer Lichtschein umspielte den sich rapide auflösenden Grafen. Innerhalb von Sekunden zerfiel er zu Staub, der vom feinen Nieselregen langsam weggewaschen wurde. Nur der spitze Spatenstiel, der auf dem toten Ortloff liegenblieb, zeugte noch von dieser unwirklichen Szene.

Im Verhörzimmer der Kriminalpolizei Bamberg saßen die ermittelnden Beamten kopfschüttelnd zusammen und berieten das soeben Gehörte. Nach übereinstimmenden Aussagen der betroffenen Gerichtsmediziner und zweier gestandener Kriminalbeamter der Bamberger Polizei war keine Leiche gefunden worden, sondern alles war nur eine Kunstaktion, eine illegale Installation irgendwelcher Kunststudenten, die allerdings inzwischen flüchtig seien. Das klang alles so hanebüchen, dass man diese Geschichte normalerweise niemandem abnehmen würde. Aber alle behaupteten stur das Gleiche, und es waren alles unbescholtene, absolut integre Personen des öffentlichen Bamberger Lebens.

»Allerdings erklärt diese Version der Ereignisse nicht das mysteriöse Verschwinden eines Landschaftsgärtners und des Chefs des AFF – und das auch noch ungefähr zur gleichen Zeit«, warf Berthold Schick ein, ein eher skeptischer Vertreter seiner Zunft.

»So, Herrschaften«, ertönte eine laute Frauenstimme »Es gibt eine weitere Vermisste«. Die Stimme gehörte Laura Gottschlich, einer Kollegin, die heute ebenfalls Wochenenddienst schob und soeben den Raum betrat. »Wir haben gerade noch eine Vermisstenmeldung erhalten«, sagte sie. »Renate Hümmer, auch eine Mitarbeiterin des AFF. Ebenfalls seit gestern Nacht spurlos verschwunden.«

Berthold Schick fuhr sich mit beiden Händen verzweifelt durch die kurzgeschorenen Haare. Das durfte ja wohl alles nicht wahr sein, dachte er. War es möglich, dass der Chef des AFF, seine Mitarbeiterin und ein Landschaftsgärtner an einer illegalen Kunstinstallation mitgewirkt hatten?

Als Renate Hümmer erwachte, bemerkte sie, dass sie rücklings neben dem Bach der Landesgartenschau lag, direkt zwischen den Spielgeräten des Kinderspielplatzes. Allerdings machte ihr die Kälte merkwürdigerweise überhaupt nichts aus. Im Gegenteil, sie fühlte sich frisch und stark. Sie versuchte sich zu erinnern, was geschehen war. Genau brachte sie es aber nicht mehr zusammen. Sie wusste nur, dass sie sich um ihren Chef große Sorgen gemacht hatte und ihm gefolgt war. Schließlich hatte sie ihn entdeckt, als er gerade heftig kauend aus dem Hauseingang neben der Metzgerei herausgelaufen kam. Sie war in der hereinbrechenden Dunkelheit bis auf das Landesgartenschaugelände hinter ihm her gegangen – dann war er plötzlich verschwunden. Und exakt ab diesem Zeitpunkt setzte ihre Erinnerung aus.

Allerdings verspürte sie jetzt einen immer stärker werdenden Hunger und entdeckte eine äußerst merkwürdige Verletzung am Halsansatz. Sie leckte sich mit der Zunge über die spitzen Eckzähne und befeuchtete ihre spröden Lippen.

Presssack, genau. Roter Presssack wäre jetzt genau das Richtige, dachte sie sehnsüchtig.

Epilog:

Nach Eröffnung der Landesgartenschau in Bamberg wurden immer häufiger Menschen als vermisst gemeldet, sodass die Ausstellung nach Gerüchten über Vampire oder Werwölfe nach längerem Hin und Her schließlich am 3. Juno behördlicherseits geschlossen werden musste. Aufgrund der Ausstrahlung im Fernsehen und etlichen Hinweisen aus der Bamberger Bevölkerung konnten in einer nächtlichen Razzia im großen Zentralgebäude der Landesgartenschau schließlich mehrere Männer und Frauen festgenommen werden, die auch nachts lange schwarze Mäntel und Hüte sowie übergroße Sonnenbrillen trugen und Sonnencremes mit extrem starkem Lichtschutzfaktor benutzten. Außerdem wurde unweit der Festgenommenen ein Kühlraum mit mehreren Tonnen Presssack entdeckt.

Beim Verhör durch die Kriminalbeamten am nächsten Morgen zeigten die Verdächtigen in der aufgehenden Sonne anfangs starke Unruhezustände und verdampften schließlich. Die Verhöre wurden daraufhin mangels Verdächtiger eingestellt.

Auf Empfehlung internationaler Experten aus England und Rumänien wurden auf dem Gelände umgehend vermehrt Bärlauch, Knoblauch und Sonnenblumen gepflanzt. Die Ausstellung wurde außerdem nach Sonnenuntergang für den Besucherverkehr geschlossen.

Am 5. Juni 2012 fand die feierliche Wiedereröffnung der Landesgartenschau durch Bürgermeister Starke statt. Sie wurde ein großer Erfolg. Blutsauger wurden von nun an nicht mehr gesichtet. Zumindest außerhalb Bamberger Amtsstuben.

Die Autoren

Angela Eßer,

wurde in Krefeld geboren und studierte Theaterwissenschaft in München. Sie ist Autorin, Herausgeberin von Krimi-Anthologien, veranstaltet Krimi-Kochkurse, organisiert Krimifestivals und ist neben Sabina Naber und Jan Zweyer Sprecherin des SYNDIKATs, der Autorenvereinigung deutschsprachiger Kriminalliteratur.
www.angelaesser.de

Heidi Friedrich,

seit 1992 Bambergerin mit rheinischem Migrationshintergrund. Die Kabarettistin, Regisseurin und legale Schnapsbrennerin arbeitete am Wiener Serapionstheater, gründete 1993 das Kabarettduo *Die Tanten* und tourt seit 2003 mit zum Teil preisgekrönten Soloprogrammen (Lüdenscheider Lüsterklemme, Melsunger Kabarettpreis) durchs deutschsprachige In- und Ausland. Zusammen mit Arnd Rühlmann schrieb sie die Krimis *Tod in Klein-Venedig* (2008) und *Meuterei auf der Christl* (2010).
www.h-h-friedrich.de

Nina George,

geboren 1973, schreibt Romane, Krimis, Science-Thriller, Kurzgeschichten, Kolumnen. Ihr Pseudonym Anne West gehört mit zwölf Sachbüchern und Kurzgeschichtenbänden zu den erfolgreichsten deutschsprachigen Erotika-Autorinnen. Für ihren Roman *Die Mondspielerin* wurde George mit der DeLiA 2011, dem Literaturpreis für den besten Liebesroman des Jahres, ausgezeichnet. Mit *Das Licht von Dahme* war George für den renommierten Friedrich-Glauser-Preis Kategorie Kurzgeschichte nominiert. Nina George lebt im Hamburger

Grindelviertel, mit Blick auf den schönsten Vorgarten Planten un Blomen.

www.ninageorge.de

Tommie Goerz,

heißt im richtigen Leben Dr. Marius Kliesch. Er hat Soziologie, Philosophie und Politische Wissenschaften studiert, in der Forschung gearbeitet, zwanzig Jahre bei einem der weltgrößten Agenturnetzwerke Kampagnen und Strategien entwickelt und war vier Semester mit den Lehraufgaben der vakanten Professur für Text und Konzeption für den Bachelorstudiengang Design an der GSO-Universität Nürnberg beauftragt. Heute hat er eine kleine Agentur. Er gewann u. a. einen Bronzenen Löwen in Cannes (2007). Bisher erschienen von ihm bei ars vivendi die Bier-Krimis *Schafkopf* (2010), *Dunkles* (2011) und *Leergut* (2011).

www.tommie-goerz.de

Thomas Kastura,

geboren 1966, lebt in Bamberg, studierte Germanistik und Geschichte und arbeitet heute als Autor für den Bayerischen Rundfunk. Er veröffentlichte zahlreiche Erzählungen, Jugendbücher und Kriminalromane, u. a. *Der vierte Mörder* (2006; Platz 1 auf der KrimiWelt-Bestenliste), zuletzt *Das geheime Kind* (2010). Im Herbst 2012 erscheint bei ars vivendi ein Sammelband mit seinen Brandeisen & Küpsch-Geschichten.

www.thomaskastura.de

Tessa Korber,

geboren 1966, promovierte Germanistin und Historikerin, arbeitet als freie Autorin und lebt in der Nähe von Erlangen. Sie schreibt historische Romane, zuletzt *Das Erbe der Schlange* (2011), und Krimis. Bei ars vivendi erschien neben zahlreichen Erzählungen in Anthologien *Das Leben ist mörderisch* (2010).

Im Herbst 2011 folgte *Todesfalter*, ein historischer Krimi um Maria Sibylla Merian in Nürnberg.
www.tessa-korber.de

Dirk Kruse,

1964 in Geesthacht geboren, wuchs in Schleswig-Holstein auf. Nach einer Krankenpflegeausbildung studierte er in Erlangen Politikwissenschaft, Germanistik und Theaterwissenschaft. Seit 1995 arbeitet er als Literatur- und Theaterkritiker, Nachrichtenreporter und BR Klassik-Moderator für die Radioprogramme des Bayerischen Rundfunks in Nürnberg sowie als als freier Moderator, Rezitator und Dozent in Erlangen und Nürnberg. Außerdem ist er Künstlerischer Leiter des Fränkischen Krimifestivals in Weißenburg.

Bei ars vivendi erscheint die Serie um den fränkischen Gentleman-Detektiv Frank Beaufort. Nach *Tod im Augustinerhof* (2008) und *Requiem* (2009) folgt im Herbst 2012 mit *Tod im Botanischen Garten* sein dritter Fall.
www.dirkkruse.com

Tatjana Kruse,

Jahrgangsgewächs aus süddeutscher Hanglage mit Migrationshintergrund (Vater Schweizer, Mutter Friesin), lebt und arbeitet in Schwäbisch Hall und Hamburg. Seit dem Jahr 2000 schreibt sie schräge Kriminalromane, u. a. die Kommissar Seifferheld-Reihe bei Droemer Knaur.
www.tatjanakruse.de

Beate Maxian,

1967 in München geboren, verbrachte ihre Kindheit in Bayern, Österreich und im arabischen Raum. Lebt und arbeitet als Autorin und Moderatorin in Oberösterreich. Veröffentlichungen: Sachbücher, Kinderbuch für UNICEF, zahlreiche Kurzkrimis und sieben in Österreich angesiedelte Kriminalromane, zuletzt *Die Tote vom Naschmarkt* (2011). Sie ist die Initiatorin und

Intendantin des Krimi Literatur Festival.at. 2011 erhielt sie das Krimistipendium »Trio Mortale« vom Literaturhaus Wiesbaden. www.maxian.at

Sabina Naber,

geboren 1965, studierte Theaterwissenschaften u. a. in Wien. Sie arbeitete als Schauspielerin, Regisseurin, Journalistin und Drehbuchautorin. Ihr erster Kriminalroman mit der Wiener Kommissarin Maria Kouba erschien 2002 bei Rotbuch, im März 2011 der sechste Band *Die Spielmacher*. Sie schreibt Kurzgeschichten und ist Herausgeberin von Anthologien. Für ihre Story *Peter in St. Paul* wurde sie 2007 mit dem Friedrich-Glauser-Preis ausgezeichnet. Sie ist Mitbegründerin und Leiterin der österreichischen Plattform www.krimiautoren.at und seit September 2010 eine von drei Sprechern des SYNDIKATs. www.sabinanaber.at

Petra Nacke,

geboren und aufgewachsen in Lübeck, lebt als freie Autorin, Sängerin und Sprecherin in Nürnberg. Studium der Literatur- und Theaterwissenschaften, Ausbildung in Schauspiel, Gesang und Tanz. Seit 1997 feste freie Mitarbeiterin des Bayerischen Rundfunks. Bei ars vivendi erschienen die Kriminalromane *Rache, Engel!* und *Blaulicht*, die sie gemeinsam mit Elmar Tannert verfasste. Daneben Kurzgeschichten und Erzählungen in verschiedenen Anthologien. Radiopreis der Landeszentrale für neue Medien im Bereich Kultur, Kulturförderpreis der Stadt Nürnberg zusammen mit dem Ensemble *Feinton*. www.petra-nacke.de

Arnd Rühlmann,

geboren in Gießen, lebt seit 1995 in Bamberg und leitet dort die Kleinkunstbühne nana theater im Club Kaulberg. Er steht als Schauspieler und Chansonnier auf der Bühne, arbeitet als Regisseur und Autor. Gemeinsam mit der Kabarettistin Heidi

Friedrich schrieb er die Krimiparodien *Tod in Klein-Venedig* und *Meuterei auf der Christl*. 2009 veranstaltete er anlässlich des zehnjährigen Bestehens seiner Lesungsreihe *Leichen im Keller* gemeinsam mit dem Bamberger E.T.A.-Hoffmann-Theater die längste Krimi-Lesung der Welt.

Friederike Schmöe,

wurde 1967 in Coburg geboren. Nach dem Studium der Germanistik und Romanistik promovierte und habilitierte sie sich. Neben ihrer Tätigkeit als Dozentin für Linguistik an den Universitäten in Bamberg und Saarbrücken schreibt sie seit 2000 Kriminalromane und Krimikurzgeschichten. Außerdem gibt sie Kreativitätskurse für Kinder und Erwachsene im In- und Ausland und veranstaltet Literaturevents, auf denen sie in Begleitung von Musikern aus ihren Werken liest. Außer an der Krimireihe um die Bamberger Privatdetektivin Katinka Palfy arbeitet sie derzeit an einer Krimiserie um die Münchner Ghostwriterin Kea Laverde. Der 2009 erschienene erste Band wurde von *Brigitte* unter den »besten Taschenbüchern für den Urlaub« empfohlen. www.friederikeschmoee.de

Elmar Tannert,

geboren 1964 in München, lebt als freier Schriftsteller in Nürnberg. Kaufmännische Ausbildung, Studium der Musikwissenschaft und Romanistik. Tätig in verschiedenen Berufen, u. a. Zeitungsverkäufer, Datentypist, Nachttankwart, Paketzusteller. Erste literarische Veröffentlichungen in Zeitungen ab 1994. Im ars vivendi verlag erschien 1998 sein Debütroman *Der Stadtvermesser*. Zuletzt wurden die gemeinsam mit Petra Nacke verfassten Kriminalromane *Rache, Engel!* (2008) und *Blaulicht* (2010) veröffentlicht. Daneben zahlreiche Erzählungen in Anthologien. Freier Mitarbeiter des Bayerischen Rundfunks. Kulturförderpreise der Stadt Nürnberg, des Freistaats Bayern und des Bezirks Mittelfranken. www.elmar-tannert.de

Helmut Vorndran,

geboren 1961 in Bad Neustadt/Saale in Franken, lebt heute in Rattelsdorf bei Bamberg. Er absolvierte eine Lehre zum Tischler und studierte einige Semester Sozialpädagogik (abgebrochen wegen erkannter Sinnlosigkeit).

Seit 1984 arbeitet er als freischaffender Kabarettist. Außerdem wirkte er bei diversen Produktionen und Aufnahmen für das Bayerische Fernsehen und Rundfunkanstalten wie Antenne Bayern mit. Sein Frankenkrimi *Das Alabastergrab* erschien 2009, im Jahr 2010 folgte *Blutfeuer*.

Tatort Franken

Krimis aus Franken

Tatort Franken No. 1
Klappenbroschur
ISBN 978-3-89716-930-2

Tatort Franken No. 2
Klappenbroschur
ISBN 978-3-86913-061-3

Tatort Franken No. 3
Klappenbroschur
ISBN 978-3-86913-118-4

Kenner haben es längst bemerkt: Franken ist ein gefährlicher Landstrich. Die literarische Kriminalitätsrate ist hoch, dafür sprechen nicht nur die zwei bereits erschienenen Krimianthologien Tatort Franken 1 und Tatort Franken 2. Ob in Ansbach, Hof, Nürnberg oder Aschaffenburg, das Verbrechen in Franken läuft auf Hochtouren, ebenso wie die Fantasie von Autoren wie: Jan Beinßen, Tommie Goerz oder Elmar Tannert und vielen anderen.

»So vielfältig die fränkische Heimat, so abwechslungsreich sind auch die Fälle. Franken ist eben mörderisch schön.«
Der Fränkische Tag über *Tatort Franken No.2*

»Die Autoren schöpfen mit Begeisterung aus bekannten fränkischen Schauplätzen. Sie schicken ihre kaltblütigen Mörder in Orte von schaurigen Verbrechen und sorgen dafür, dass intelligente Kriminalisten alle geheimnisvollen Fälle lösen.«
Erlanger Nachrichten über *Tatort Franken No.1*

Statt Schmetterlingen eine Leiche ...

Tessa Korber
Todesfalter
Historischer Kriminalroman
Klappenbroschur, 226 Seiten
ISBN 978-3-86913-098-9

Sie malt, sie treibt Handel, sie verdient das Geld für die Familie. Und sie sammelt Raupen und Falter, von denen der Volksmund im 17. Jahrhundert noch denkt, sie seien Teufelsgetier, entstanden in einer Art Urzeugung aus Fäulnis und Schmutz. Maria Sibylla Merian ist nicht eben das Lieblingskind der Nürnberger Stadtoberen. Das wird auch nicht besser, als sie auf der Suche nach Insekten die Leiche einer jungen Frau entdeckt. Ihren Forschergeist lässt der Fund nicht ruhen: Warum musste das Mädchen, eine einfache Magd, sterben? Hilfe erfährt Maria Sibylla einzig von ihrer munteren »Jungfern- Company«, wohlhabende Bürgerstöchter, die bei ihr das Malen lernen und nebenbei auch das freie Denken. Sie helfen der Außenseiterin, in die Wirren städtischer Politik und Wirtschaftsinteressen einzudringen, um den Fall zu lösen. Doch die Schlinge aus Vorurteilen, Bigotterie und Feindseligkeit zieht sich immer enger um die Künstlerin.

Der Mittagsmörder

Petra Nacke · Elmar Tannert
Der Mittagsmörder
Roman
Hardcover mit Schutzumschlag,
202 Seiten
ISBN 978-3-86913-109-2

Deutschland vor fünfzig Jahren: Der »Mittagsmörder« sorgt für Schlagzeilen, hält das ganze Land in Atem. Erst nach Jahren wurde der wohl bekannteste Serientäter der frühen Sechziger gefasst und nach einem nervenaufreibenden Indizienprozess schuldig gesprochen – für die Öffentlichkeit war er es längst. Bei den Lokalterminen rotteten sich Schaulustige zusammen und schrien: »Hängt ihn auf!«
Veranlasst durch die Anfrage einer Psychologiestudentin recherchiert Peter Hirschmann, der als Volontär einst selbst darüber berichtet hatte, erneut zu jenem berühmten Fall der Kriminalgeschichte. Als er die alten Zeitungsartikel wieder ausgräbt, erscheint ihm manches in überraschend neuem Licht ...

»Tannert und Nacke liefern bei weitem nicht nur Außenbetrachtungen, sondern gelungene Innenansichten. Sie lassen einen als Leser in die verschwitzte Haut der Protagonisten schlüpfen. Man weiß genau, wie die sich fühlen, könnte es aber nie so treffend und bildschön beschreiben.«

Abendzeitung

Das Diamantenmädchen

Ewald Arenz
Das Diamantenmädchen
Roman
Hardcover mit Schutzumschlag,
316 Seiten
ISBN 978-3-86913-095-8

Um Reparationsforderungen der Alliierten zu umgehen, erhält Diamantenschleifer Paul van der Laan von der deutschen Reichsregierung den Geheimauftrag, eine Reihe kostbarer Rohdiamanten für den verdeckten Verkauf auf dem internationalen Markt zu schleifen. Lilli Kornfeld, Journalistin für die *Berliner Illlustrirte* und eng verbundene Freundin seit Kindheitstagen, hat den Kontakt vermittelt. Zur gleichen Zeit wird ein ermordeter Schwarzer auf dem Balkon des Theater am Nollendorfplatz gefunden – neben seiner Leiche liegt ein Rohdiamant. Die Berliner Kommissare Schambacher und Togotzes nehmen die Ermittlungen auf und stoßen schon bald auf das Diamantenmädchen ...

»Ihm gelang ein Roman, der wie ein Diamant daherkommt: erst unscheinbar, dann funkelnd!«

Bayerisches Fernsehen

»Berlin in den 20ern. Ein Diamantenschleifer wird in einen Kriminalfall hineingezogen, retten kann ihn nur seine große Liebe Lili. Arenz erschafft eine untergegangene Welt!«

Berliner Zeitung

Fiese Morde in der Provinz

Fiese Morde in der Provinz
Krimi-Anthologie
Klappenbroschur, 238 Seiten
ISBN 978-3-86913-059-0

Ob in Hintertupfing oder hinterm Deich, die deutsche Provinz ist ein gefährliches Pflaster. Denn nicht nur die Metropolen haben ihre Last mit der Kriminalität. Das allzu menschliche Vergnügen, den verhassten Nächsten um die Ecke zu bringen, blüht auf dem Lande zwar verborgen hinter idyllischen Fassaden, aber darum nicht weniger üppig. Und das mit Hinterlist und Tücke. Was ist ein Mord im Rotlichtmilieu gegen die Leidenschaften, die hinter wohlgepflegten Geranienkästen lauern? Die gedemütigte Oma an der Supermarktkasse steht mit ihren Rachegelüsten einem in seiner Ehre gekränkten Mafioso in nichts nach. Und für Drogen ist ohnehin in der kleinsten Hütte Platz, so was regelt man auf dem Land ganz gelassen, hinterfotzig und unter sich. Ansichten aus der deutschen Provinz, von denen Großstädter nicht zu träumen wagen ...

Mit Beiträgen von Lena Blaudez, Nicola Förg, Nina George, Anja Jonuleit, Karr & Wehner, Carsten Klemann, Stefanie Koch, Sandra Lüpkes, Franziska Steinhauer, Jörg Steinleitner, Elmar Tannert, Birgit C. Wolgarten, Petra Würth

Behütuns' dritter Fall

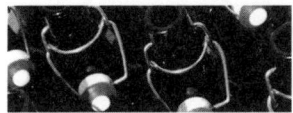

Tommie Goerz
Leergut

FRIEDO BEHÜTUNS' DRITTER FALL

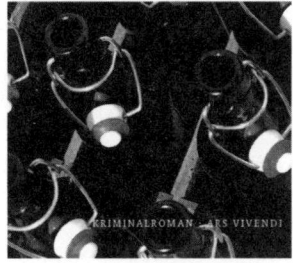

Tommie Goerz
Leergut
Kriminalroman
Klappenbroschur, 429 Seiten
ISBN 978-3-86913-100-9

Der Nürnberger Kriminalkommissar Friedo Behütuns durch-
lebt eine harte Zeit: Er hat aufgehört, Bier zu trinken, raucht
nicht mehr, quält sich mit Dauerläufen. Und das alles, weil er
sich zu dick fühlt. So hat er ständig schlechte Laune. Zu allem
Überfluss lastet ein langer, harter und dunkler Winter auf Franken. Mit ihm kommt es zu einer Reihe rätselhafter Todesfälle
im Kreis der Reichen und Schönen rund um Nürnberg. Was
steckt dahinter? Nichts ergibt Sinn. Dann fällt auch noch das
halbe Ermittlungsteam aus, eine Praktikantin aus Bremen
muss einspringen. Es geht einfach nicht voran – bis es Frühling
wird. Mit den ersten Sonnenstrahlen tut sich endlich eine Spur
auf ...

Weitere Krimis von Tommie Goerz:

Tommie Goerz
Schafkopf
Behütuns' erster Fall
Kriminalroman
ISBN 978-3-86913-041-5

Tommie Goerz
Dunkles
Behütuns' zweiter Fall
Kriminalroman
ISBN 978-3-86913-057-6